O Serviço Social dentro da prisão

CÓPIA NÃO AUTORIZADA É CRIME

ABDR

ASSOCIAÇÃO BRASILEIRA DE DIREITOS REPROGRÁFICOS

RESPEITE O DIREITO AUTORAL

EDITORA AFILIADA

Coordenadora do Conselho Editorial de Serviço Social
Maria Liduína de Oliveira e Silva

Conselho Editorial de Serviço Social
Ademir Alves da Silva
Dilséa Adeodata Bonetti (*in memoriam*)
Elaine Rossetti Behring
Ivete Simionatto
Maria Lúcia Carvalho da Silva (*in memoriam*)
Maria Lucia Silva Barroco

Dados Internacionais de Catalogação na Publicação (CIP)
(Câmara Brasileira do Livro, SP, Brasil)

Silva, André Luiz Augusto da
    O serviço social dentro da prisão / André Luiz Augusto da Silva, Wellington Macedo Coutinho. — São Paulo : Cortez, 2019. -- (Coleção temas sociojurídicos / coordenação Maria Liduína de Oliveira e Silva, Silvia Tejadas)

    Bibliografia
    ISBN 978-85-249-2719-5

    1. Assistentes sociais - Prática profissional 2. Execução penal - Leis e legislação 3. Serviço social 4. Serviço social junto a delinquentes e criminosos I. Coutinho, Wellington Macedo. II. Silva, Maria Liduína de Oliveira e. III. Tejadas, Silvia IV. Série.

19-24305

CDD-365.66

Índices para catálogo sistemático:
1. Assistência social : Prática profissional : Prisioneiro : Serviço social 365.66

Maria Alice Ferreira - Bibliotecária - CRB-8/7964

André Luiz Augusto da Silva
Wellington Macedo Coutinho

O Serviço Social dentro da prisão

São Paulo – SP

2019

O SERVIÇO SOCIAL DENTRO DA PRISÃO
André Luiz Augusto da Silva, Wellington Macedo Coutinho

Capa: de Sign Arte Visual
Preparação de originais: Ana Paula Luccisano
Revisão: Patrizia Zagni
Projeto gráfico e diagramação: Linea Editora
Coordenação Editorial: Danilo Morales
Assessoria editorial: Maria Liduína de Oliveira e Silva
Editora-assistente: Priscila Flório Augusto

Nenhuma parte desta obra pode ser reproduzida ou duplicada sem autorização expressa dos autores e do editor.

Copyright © 2019 by Autores

Direitos para esta edição
CORTEZ EDITORA
R. Monte Alegre, 1074 — Perdizes
05014-001 — São Paulo-SP
Tel.: + 55 11 3864 0111 / 3803 4800
cortez@cortezeditora.com.br
www.cortezeditora.com.br

Impresso no Brasil — março de 2019

Sumário

CORAÇÃO DANDARA

Na vida de Iara, nunca me percebi perdida
Auspícios românticos de uma ilusão sombria
Menina na aparência, pedaço de carne na opulência
Era eu desde o ventre, um ser produto

Mentes e olhos, dentes e garras
Todos prontos para mim
E um liquidificador de corpos e mentes
Moendo a alma da gente

Nesse contexto, vivi o incesto
Estive nos pratos dos gentis
Esquentei corpos estranhos a minh'alma
Servi de pasto para apetites agudos

Nota dos desesperados estive louca
Boba, pouca fui toda a sanha
Vivi a dor tamanha
De estar contigo na lama

Sem sonhos e Iaras, te extraio de mim
Vejo o que querias me esconder
Olhando para sombras te vi ali
Sutilmente escondido a induzir

Iniquidades, miséria e dor
Fazem parte de teu esplendor
Mas seja como for, sem tu ilusão
Hoje sou razão

Não perdi minha emoção, mas tenho indignação
Vendo as coisas como elas são
Cheia de emoção, me faço plena
Pois que em meu coração
Não mais há ilusão

Nessa constelação, rasgando tua exploração
Sou toda afirmação, de um mundo sem dominação
Repleto de um espírito, que vive com competência
Pois mais que tua opulência, tens na essência
Abjeta objetivação de iniquidades

Agora com a verdade
Resplandeço minha luz
E se essa é tua cruz
É assim que me pus

Pois diante de tuas sobras e garras
Para além de tuas amarras
Sou belicosa e realidade
Sou Dandara na essencialidade

— André Luiz A. da Silva

Apresentação da Coleção

A Coleção **Temas Sociojurídicos** se conforma na produção de um conjunto de obras articuladas que abordam diferentes temáticas inscritas na particularidade dos espaços sócio-ocupacionais, que o Serviço Social convencionou chamar de área sociojurídica, que reflete o trabalho profissional desenvolvido diretamente ou em interface com o Sistema de Justiça. Esse Sistema, no geral, é composto por instituições como o Poder Judiciário, Ministério Público, Defensoria Pública, Sistema das Medidas de Proteção, Sistema de Execução das Medidas Socioeducativas, Sistema de Segurança Pública, Sistema Prisional e as redes de defesa, promoção e proteção do Sistema de Garantias de Direitos.

Almeja-se, a partir de produções individuais ou coletivas, descortinar as relações sociais de violência, de preconceito, de criminalização das expressões da questão social e as práticas conservadoras-higienistas produzidas pelas instituições do Sociojurídico, alinhadas ao arcabouço penal do Estado capitalista contemporâneo. Nessa direção, perscrutam-se fundamentos críticos, estratégias de resistência, sintonizadas com as lutas sociais e práticas pedagógicas emancipadoras que se coadunam com a liberdade, com a defesa dos Direitos Humanos e com o combate à desigualdade. Para tanto, propõe-se a dialética articulação teórico-prática, capaz de prospectar e repropor processos sociais cotidianos na práxis profissional.

O momento em que a Coleção é lançada é dramático. Avançam as reformas que elevam ao máximo os pressupostos liberais, ou seja, reduzem o alcance do incipiente Estado social brasileiro, alimentam o ódio em diversas dimensões da vida social, estimulando linchamentos morais e sociais, a exacerbação da prisão como medida de controle social e a intolerância para com a diferença. Nessa contextura, esta Coleção, na ótica da educação permanente, nasce para dialogar com a demanda crescente de profissionais e estudantes que atuam no Sociojurídico e buscam subsídios para compreender tais movimentos.

Espera-se que a aproximação com as obras que compõem a Coleção favoreça, entre autores e leitores, o compromisso com os sujeitos de direito que transitam entre essas instituições e estimule processos coletivos de resistência, exigibilidade e materialização de direitos.

Entre São Paulo e Porto Alegre.

Maria Lidúina de Oliveira e Silva
Silvia Tejadas

Prefácio

A questão do encarceramento no Brasil é dramática. Talvez uma das principais tragédias da nossa sociedade, que vem requerendo uma intervenção extremamente rigorosa na perspectiva dos Direitos Humanos. Esse drama toca toda a sociedade brasileira que, ao longo dos anos, vem sendo bombardeada por um conjunto de informações que se insere em uma ideologia "punitivista", de criminalização da miséria, que prega o encarceramento para as massas, melhor dizendo, para os pobres, negros/as, favelados/as, jovens,[1] especialmente aqueles/as que estão fora do mercado formal de trabalho. O que parece ser uma novidade, a associação entre pobreza e criminalidade, é histórica no Brasil. Nossa herança de 300 anos de escravidão, de aplicação de teorias racistas e da degenerescência e os diversos movimentos eugenistas e higienistas vigentes desde os anos de 1900 assim o comprovam.

---

1. Em *O que é encarceramento em massa?* (2018), da Coletânea Feminismos Plurais, da Editora Letramento, organizada por Djamila Ribeiro, a autora Juliana Borges mostra o aumento brutal de 567,4% do encarceramento de mulheres entre os anos de 2006 e 2014, ao passo que o de homens cresceu 220%. Mostra, ainda, que 67% destas mulheres são negras e 50% são jovens.

A problemática do encarceramento é uma das mais prementes e complexas expressões da questão social que impacta em várias esferas o trabalho de assistentes sociais.

O crescimento da população encarcerada no Brasil desde meados dos anos de 1990 não é casual. Aliás, isso exigiu que o Conselho Nacional do Ministério Público (CNMP) implementasse, em julho de 2018, o projeto **Sistema Prisional em Números**,[2] o qual cumpre um importante papel de dar visibilidade às condições atuais do encarceramento, constituindo-se em um banco de dados importante, a ser acessado por vários profissionais, dentre os/as quais assistentes sociais. O alastramento da pobreza, como resultado da crise estrutural do capital (Meszáros, 2002)[3] em tempos de globalização, tem levado ao desemprego estrutural, resultante dos processos de reestruturação do regime de produção, tornando o trabalho cada vez mais flexível, precário e precarizado em termos de formas de contratação, intensificação das jornadas, destituição de direitos, entre outras mudanças significativas que abateram a classe trabalhadora, advindas dos ajustes neoliberais.

Estudiosos do território nacional e internacional sobre a temática vêm apontando que a não absorção pelo mercado de uma população desempregada, supérflua, no capitalismo contemporâneo, impõe que o Estado tome medidas para supervisionar e controlar esta população. Nessa abordagem, a política de encarceramento em massa tem sido utilizada como o sucedâneo de uma política do trabalho/emprego. É esta a tese de Loïc Wacquant, um dos maiores críticos do encarceramento. Para ele, o chamado Estado Penal está substituindo o Estado de Bem-Estar Social. Em conjunto e de maneira

---

2. CONSELHO NACIONAL DO MINISTÉRIO PÚBLICO. **Sistema prisional em números. 2017.** Disponível em: http://www.cnmp.mp.br/portal/relatoriosbi/sistema-prisional-em-numeros. Notem que nesse levantamento realizado através dos Relatórios Anuais de Inspeção de Estabelecimento Prisional, desde 2015, os dados de perfil e ocupação vêm atestando essa tendência mais geral acima observada.

3. MÉSZÁROS, István. *Para além do capital.* Tradução Paulo Castanheira. São Paulo: Boitempo, 2002.

orquestrada com a política de encarceramento, a outra parte da população que não cai na rede repressiva da penalidade, mas que necessita do Estado, é atendida com medidas relativas à política de assistência social, que também é, na maioria das vezes, utilizada como tática de controle do social e, no limite, punida e criminalizada. Na letra de Wacquant, vê-se claramente a relação entre estas duas determinações:

> a política de criminalização da miséria, complemento indispensável da imposição do trabalho assalariado precário e sub-remunerado como obrigação cívica, assim como o desdobramento dos programas sociais num sentido restritivo e punitivo que lhe é concomitante (2001, p. 96).

Essa realidade é o chão histórico que põe os fundamentos ontológicos ao trabalho de assistentes sociais e que se complexifica com elementos particulares da realidade carcerária brasileira. Nela encontramos o retrato fiel de como se enfrenta a questão social numa sociedade desigual, expressando a falta de vontade política, sendo o Brasil um dos países em que as violações de direitos são significativas.

Exatamente por isso que Wacquant, no prefácio à edição brasileira do livro *As prisões da miséria*,[4] mostra sua preocupação com a realidade do nosso país, já que a brutal desigualdade social, índice em que o Brasil ocupa a 9ª colocação entre os 189 países mais desiguais do mundo,[5] acrescida do aumento de 11% do número de pobres em 2018, tem levado, cada vez mais, a se constituir em um segmento que se localiza abaixo da linha da pobreza, o que significa pobreza absoluta. Não são poucas, portanto, as razões para nos preocuparmos com a associação entre os ajustes neoliberais, a retirada

---

4. WACQUANT, Loïc. *As prisões da miséria*. Tradução André Telles. Rio de Janeiro: Jorge Zahar, 2001.

5. BRASIL ECONÔMICO. **No Brasil, desigualdade para de cair após 15 anos e número de pobres cresce 11%**. Portal IG. Disponível em: <https://economia.ig.com.br/2018-11-26/desigualdade-social-no-brasil.html>.

de direitos e de perspectiva de vida dos trabalhadores/as e o crescimento do encarceramento como alternativa.

O desemprego estrutural, problemática inerente ao tardo-capitalismo, ao ser velado, tratado como natural, circunstancial, episódico, deixa seus vulnerabilizados à sua própria sorte. O altíssimo índice de desemprego e de empregos/ocupações desqualificadas, as reduzidas perspectivas de vida dos jovens, os tornam presas fáceis para o crime organizado no que, afinal, o Brasil tem *expertise*. O sistema carcerário passa a incorporar o tratamento tanto dos segmentos considerados perigosos quanto dos supérfluos, segmentos que se convertem em objeto de atendimento por parte do Estado que desenvolve cada vez mais o seu braço repressivo em detrimento do protetivo.

A insegurança gerada por uma política de segurança pública violenta, punitiva e da relação intrínseca entre a polícia e os grupos criminosos que Wacquant (2001) chama de discriminação de cor e de classe social no seio da polícia e do judiciário são marcas históricas indeléveis da nossa formação socioeconômica, política e ideo-cultural. A criminalização tem classe, cor, sexo, idade etc.

Tal seletividade penal acrescida da impunidade nos leva a constatar que o perfil dos que estão nas prisões, tanto nos Estados Unidos quanto no Brasil, é dos que cometeram infrações como furto, roubo, tráfico de drogas, entre outros da mesma natureza, e nem de longe se comparam com os chamados "crimes de colarinho branco" que, geralmente, ficam sem qualquer punição.[6] Assim, o Estado vem aprimorando um aparato repressor que se utiliza da

---

6. No momento em que escrevo, vários crimes que violam todos os direitos humanos estão ocorrendo no mundo e no Brasil. Aqui registro a tragédia de Brumadinho-MG (na esteira e potencializando a de Mariana-MG), a tragédia oriunda do incêndio no alojamento dos jovens atletas do clube do Flamengo (RJ), as tragédias oriundas das chuvas no Rio de Janeiro que, por descaso das autoridades responsáveis, vêm matando milhares de brasileiros/as, além de discriminações diversas que se expressam em manifestações de racismo, sexismo, misoginia, homofobia e opressões que fazem parte do cotidiano de vida do povo brasileiro e com as quais nós, assistentes sociais, temos que atuar diretamente. Como se não bastasse, ainda nessa semana o Ministério da Saúde divulgou nota técnica que impõe medidas de total retrocesso à política de saúde mental que, entre

estratégia policial-penal de encarcerar os miseráveis e de uma política de tolerância zero contra os pobres, aliada a uma cultura de promoção da sua imagem como criminoso e culpado *a priori*.

Além disso, é preciso considerar, na atual fase do capitalismo, dadas as suas peculiaridades, que o sistema carcerário não apenas tem sua funcionalidade enquanto "sistema dos instrumentos de governo da miséria" (Wacquant, op. cit., p. 96) ou como forma de administração da pobreza, mas encontra-se em total sintonia com os interesses de valorização do capital, abertura de novos mercados e metamorfose dos velhos, na perspectiva de transformar tudo em mercadoria. O processo de mercadorização da carceragem leva à produção de mercadorias específicas, tais como: colchões à prova de incêndio, coletes, uniformes, fornecimento de alimentação etc. (idem).

Para que não pairem dúvidas, a política de encarceramento é legalizada pelos aparatos jurídico-políticos e legitimada socialmente, posto que se sustenta de uma cultura "punitivista", de penalização, de eliminação dos apenados, de violação de direitos, perversidades cometidas em nome da justiça como sinônimo de vingança, que justificam estruturas que não garantem o mínimo necessário à sobrevivência do apenado, ausência de todo tipo de assistência social, de recursos humanos qualificados, enfim, um drama nacional. A lógica gerencialista e as novas maneiras de gestão dos presídios vêm acentuando essa tendência.

Estas instituições, que recepcionam e desafiam o trabalho de assistentes sociais, não são apenas burocráticas, não apenas se transformam em organizações, no sentido de que trata Marilena Chaui,[7] mas são, claramente,

---

outras mudanças, orienta a internação em hospitais e comunidades terapêuticas, aprova a aplicação de eletrochoques, acaba com a política de redução de danos, implementando a abstinência.

7. Chaui, no artigo "A Universidade Pública sob Nova Perspectiva", explicita esta distinção. Diz ela: "uma organização difere de uma instituição por definir-se por uma prática social determinada por sua instrumentalidade: está referida ao conjunto de meios (administrativos) particulares para obtenção de um objetivo particular. (...) Por ser uma administração, é regida pelas ideias de gestão, planejamento, previsão, controle e êxito. Não lhe compete discutir ou questionar sua

transgressoras de direitos. Trata-se de espaços onde a violação de direitos se dá rotineiramente e é tanto mais brutal quanto banalizada. Nestes espaços, enraízam-se práticas autoritárias que se sustentam em uma cultura punitiva, de apologia à violência da pior lavra. Pela complexidade de mediações e contradições que lhes são constitutivos, tais espaços sociolaborais são desafiadores.

Por essa razão, a obra *O Serviço Social dentro da prisão*, compondo o número 6 da Coleção Temas Sociojurídicos com que a Cortez Editora nos presenteia, traz para a categoria profissional uma contribuição ímpar e aqui meus agradecimentos por me permitirem prefaciar este livro. Não apenas pela pertinência e indispensabilidade da temática, tampouco apenas pela sua atualidade, mas pela oportunidade que André Luiz Augusto da Silva e Wellington Macedo Coutinho me proporcionam de, ainda que indiretamente, fazer parte desse projeto oportuno e inadiável que trata do trabalho de assistentes sociais no sistema sociojurídico, projeto que tem na sua assessoria técnica as competentes companheiras Maria Liduína de Oliveira e Silva e Silvia Tejadas.

São raros e imprescindíveis os levantamentos de dados, pesquisas, estudos que nos permitem desvelar o que ocorre "por detrás das grades". Sabe-se que a produção acadêmica não vem acompanhando as experiências profissionais no amplo campo que o Serviço Social denomina de sociojurídico. Não obstante, os poucos estudos que existem nos são de absoluta relevância e enriquecem nosso, ainda modesto, acervo sobre a temática.

Dentre eles, quero mencionar a pesquisa realizada pela professora Valéria Forti por ocasião do seu doutoramento que resultou no livro *Ética, crime e loucura: reflexões sobre a dimensão ética no trabalho profissional*, publicado pela editora Lumen Juris (2009). Nesta obra, a primeira da área do Serviço Social que consegue problematizar os dilemas éticos do exercício

---

própria existência, sua função". In: *Revista Brasileira de Educação* (2003, p. 6.). Vê-se como essa ideia é adequada às exigências que o tardo-capitalismo impõe ao conjunto de instituições sociais.

profissional em um hospital de custódia e tratamento psiquiátrico, campo síntese de diversas expressões da questão social, mostra o quão complexa é essa temática e aponta os fundamentos, valores e habilidades que devem compor o perfil de profissional apto/a a trabalhar com essa temática. Por certo, o exercício profissional num espaço de trabalho tão complexo e com tão pouco investimento nos impõe conhecimentos teóricos, situacionais e prático-empíricos sólidos, habilidades para lidar com situações inusitadas e de alto nível de tensão, firmeza de valores e de convicções ético-políticas.

Assim, *é de nosso exercício profissional que este livro fala*. Com base em experiências empíricas, levantamentos de dados e depoimentos que expressam as representações de profissionais sobre os dilemas do exercício profissional que se localiza "por detrás das grades", o livro fala das nossas condições objetivas e subjetivas de trabalho na particularidade destas instituições que nos "aprisionam", que nos institucionalizam, que nos aculturam, exigindo de nós a capacidade de não nos submetermos a essa lógica destruidora de nossos valores, princípios, convicções, utopias. Somos contratados/as dentro desta lógica para reproduzi-la, para utilizarmos os dispositivos de controle e disciplina de corpos, mentes e corações com o objetivo de conformarmos subjetividades submissas, dóceis e úteis ao mercado.

Tais organizações nos vêm exigindo que sistematicamente façamos a crítica ontológica do nosso cotidiano profissional para que possamos, temporariamente, transcender a ele, nos libertando dos grilhões que nos aprisionam. O que somente será possível, como nos ensina Rosa Luxemburgo, se nos movimentarmos.[8]

É de nós, assistentes sociais, que o livro fala: de nossa autonomia profissional ou da falta dela, das pressões, dos desgastes emocionais e assédio a que somos submetidos/as, dos dilemas e conflitos técnicos, teóricos e ético-políticos inigualáveis que vivenciamos, da nossa capacidade de nos

---

8. Reflexão inspirada na frase "Quem não se movimenta não sente as correntes que o prendem", de Rosa Luxemburgo.

indignarmos e de analisarmos teoricamente as conjunturas e situações singulares, de construirmos respostas qualificadas do ponto de vista técnico e ético-político. É por isso que ele nos provoca e nos convoca à reflexão sobre nossos desafios.

Quais os dramas humanos e dilemas encontrados pelos/as assistentes sociais em espaços de trabalho onde imperam violência, total desrespeito pelos Direitos Humanos, nos quais se vivenciam situações que explicitam a degenerescência do sistema, nos convocando a sermos o último respiro de humanidade que sobra aos que o acessam? Não se trata apenas de discutir as relações de trabalho e condições éticas e técnicas, os vínculos flexíveis, os baixos salários, a intensificação do trabalho, a falta de concurso, de recursos humanos, materiais e institucionais, o adoecimento, as diversas formas de contratação que escondem o rebaixamento da nossa atividade a uma mera tarefa simplificada e que quase não exige capacitação. É preciso adicionar a estas determinações objetivas e subjetivas o fato de se tratar de instituições particulares, de conhecer a cultura destas instituições sociais, como naturalizam a violência, o punitivismo, a morte, o linchamento, e que perfil de assistente social é preciso para intervir nesse espaço onde se exerce diretamente a punição na particularidade de um "sistema" violador de direitos.

É preciso evidenciar nos autores seu esforço em compreender o universo prisional, com suas particularidades em relação à universalidade do capitalismo, de entender como este sistema sanciona e pratica processos de criminalização e que mediações estabelece com o trabalho profissional.

O livro revela que profissionais entrevistados/as captam tais condições não como um desígnio, mas como resultado de processos de degradação do trabalho aliada à privatização da esfera pública, ao tempo em que problematizam as requisições socioinstitucionais que lhes competem. A luta por condições de trabalho dignas é indispensável para a qualidade dos serviços que prestamos, para o que temos de ter o domínio das nossas atribuições e competências relativas à lei de regulamentação da profissão e uma visão crítica em relação a requisições institucionais e/ou competências atribuídas pela via de outras legislações, no caso das prisões, da Lei de Execução Penal.[9] Mas não é só isso: a complexidade da temporalidade histórica em que vivemos e suas profundas contradições impõem a todas as profissões novas e diversificadas demandas e a busca de novas legitimidades profissionais, o que nos obriga a, cada vez mais, termos a clareza sobre: *a que, a quem e como respondemos.*

É preciso fazer a distinção entre posturas messiânicas, voluntaristas, fatalistas e desvelar o significado do sistema carcerário no qual atuamos, cuja retórica é de ser um sistema de garantia de direitos numa sociedade em que direitos são tomados como privilégios de "bandidos".[10] Faz-se necessário desentranhar os interesses presentes no discurso que criminaliza a pobreza. É preciso vencer o canto da sereia do "discurso do direito a ter direitos, o que depende de nos deslocarmos do campo das ilusões idílicas e entendermos que o direito burguês sempre foi e será a expectativa de direito, e somente se realiza com a organização dos segmentos interessados que precisam estar permanentemente mobilizados.

Entendo que nestas instituições a contribuição da profissão será mais profunda se conseguir se livrar das amarras do punitivismo, da lógica criminológica, da ideologia da criminalização. Isso passa por ir além dos conhecimentos dos objetos particulares tratados por teorias setoriais. O conhecimento das particularidades das instituições fechadas, da cultura própria destas organizações, a fundamentação da criminologia crítica, como conhecimentos parciais que conformam teorias setoriais, podem nos ajudar parcialmente, mas eles têm que ser orientados por uma Teoria

---

9. Ver PEREIRA, T. M. D. Competências e atribuições profissionais na Lei de Execução Penal (LEP). In: CFESS. *O Serviço Social no campo sociojurídico na perspectiva da concretização de direitos.* Brasília: CFESS, 2012.

10. Antes de concluir esse prefácio veio a público o comunicado do Mecanismo Nacional de Prevenção e Controle da Tortura (MNPCT), órgão de fiscalização, que foi impedido pelo Ministério da Mulher, Família e dos Direitos Humanos de fazer a inspeção nos locais de privação de liberdade denunciados no estado do Ceará, mediante a não autorização de verba para visitas.

Social que permita analisar a sociedade numa perspectiva de totalidade. O mesmo se dá com o conhecimento da legislação, importante do ponto de vista instrumental, porém insuficiente para se examinar e interpretar a racionalidade constitutiva dos processos sociais. Nesse sentido, entendo que é preciso transcender o universo de análise de objetos particulares e tomar a sociedade burguesa como nosso objeto de estudo, entendendo situações particulares nas suas conexões com as relações sociais do mundo burguês e com sua sociabilidade alienante e alienada. É nessa perspectiva que entendo que as teorias setoriais e os conhecimentos instrumentais, em especial do campo da criminologia crítica, podem contribuir com a profissão. Porém, se a nossa matéria é a vida, é a realidade, são as relações sociais de produção do capitalismo que como tais são antagônicas, são elas que expressam esse antagonismo e explicam a seletividade penal, as distintas formas de punição a um mesmo crime, as diversas violações de direitos de segmentos da classe trabalhadora, o ordenamento legal, jurídico constitucional, o Poder Judiciário e o aparato repressivo, que representam os interesses e necessidades das classes dominantes. Nessa direção nos advertem os autores: "é preciso entendermos a articulação entre sociedade, lei e pena", e, acrescento, é preciso desvelar por quais mediações ou sistemas de mediações esta relação se realiza, o que só pode ser feito se nossa análise se der numa perspectiva de totalidade.

Dotadas desta perspectiva, as análises precisam transcender o senso comum, a racionalidade hegemônica e as referências teóricas que se limitam ao campo teórico da criminologia (como dito, mesmo que seja no da criminologia crítica) tanto no que diz respeito ao estudo dos determinantes sociais da criminalidade quanto às dimensões políticas, sociais e culturais das respostas coletivas à criminalidade nas sociedades contemporâneas.

Uma obra como esta atesta nossa maturidade em enfrentar coletivamente os desafios deste tempo histórico. Mostra que reconhecemos a pesquisa e produção de conhecimento como condições absolutamente necessárias, embora insuficientes, para nos dotarmos de possibilidades no enfrentamento dos dilemas que a realidade nos convoca.

Mas para que a pesquisa e a produção da área se converta realmente em uma estratégia, que tem os núcleos e grupos de pesquisa como seus implementadores privilegiados, **precisa mostrar quem somos nós**, precisa dar a conhecer os perfis, as tendências, os projetos profissionais em disputa. Nossa pesquisa tem que trazer uma radiografia da profissão, levantando subsídios à nossa intervenção profissional e política, e aqui vislumbro que as entidades que nos representam podem dela se valer para nos organizar e nos orientar nas lutas coletivas. É importante também que nossas pesquisas subsidiem a formulação de políticas públicas e nos ajudem a elaborar diretrizes para o trabalho profissional, que, no caso do sistema penitenciário, se faz ainda mais urgente. Este é, a meu ver, o grande mérito da Coletânea e, especialmente, deste livro.

Embora se distinguindo da militância, a profissão não pode realizar sua intervenção neste espaço profissional desarticulada das instituições e movimentos de defesa dos Direitos Humanos. Na nossa condição de articuladores políticos, há que se considerar que assegurar alguns ganhos civilizatórios, necessários ainda que insuficientes, depende de duas variáveis pelas quais passam hoje todas as nossas lutas coletivas: 1) da existência de verbas públicas para as políticas sociais; 2) da luta e defesa intransigente dos ganhos civilizatórios e dos institutos democráticos.

Por fim, também a obra nos inspira a retomarmos a distinção entre dois perfis de profissional. Como já apontei em outro lugar, ao perfil do "técnico adestrado que se limita à racionalidade do capitalismo e à aplicação acrítica de técnicas e instrumentos sem a clareza dos fins a que sua intervenção visa" (Guerra, 2017, p. 73),[11] eu acrescentaria mais um traço da moda: a resiliência. Este perfil do técnico adestrado se mantém resiliente às inúmeras formas de precarização do seu trabalho. A resiliência é individual, leva à resignação, conformismo e acomodação. A ela contraponho a resistência.

---

11. GUERRA, Y. A dimensão técnico-operativa do exercício profissional. In: MÔNICA, C.; BACKX, S.; GUERRA, Y. (Orgs.). *A dimensão técnico-operativa no Serviço Social*: desafios contemporâneos. São Paulo: Cortez, 2017.

Esta, sim, é coletiva e propositiva: o sujeito social se orienta por projetos coletivos, busca alianças, articulações, fortalece-se junto aos outros sujeitos individuais e coletivos para a construção de alternativas.

Estou convencida de que é do perfil de assistente social resistente que esta sociedade, cada vez mais inóspita, precisa. Mas como se constata, o debate está apenas começando.

Sejam bem vindos/as a ele.

Rio de Janeiro, fevereiro de 2019.

Yolanda Guerra

Introdução

O texto que segue possui como pretensão estabelecer uma análise sobre os serviços prisionais no Brasil, tomando como base o mundo factual, aquele onde a realidade, embora aparente, se estabelece de forma concreta, o mundo das coisas, e esse mundo é o cárcere. Aqui, a reflexão realiza na mente a transmutação da concretude material, buscando a captura ampla da realidade percebida na experiência sensível ou na empiria, a fim de compreendermos e desvelarmos as mediações/conexões que determinam a forma pela qual se apresentam aqueles serviços.

Evidentemente não nos ampararemos em uma empiria adjetiva, ao contrário, para não nos perdermos na aparência nem no cortinamento do mundo sensível, nossa percepção se apoiará também na reflexão histórica, considerando juízos robustos produzidos no curso do desenvolvimento filosófico, das ciências econômicas e sociais.

Nesse contexto, nossa análise se fundamenta nos sistemas prisionais que compreenderam a área um (01) da pesquisa: "Diagnóstico dos Serviços Prisionais no Brasil", e que foram laboratórios de nossa reflexão. De fato, teremos como ponto de partida a referida pesquisa, subsidiada pelo Instituto de Pesquisa Econômica Aplicada (IPEA) em parceria com o Departamento Penitenciário Nacional (DEPEN) e a Secretaria de Assuntos Legislativos da

Presidência da República (SAL), dentro do contexto do projeto "Pensando o Direito", aprovada pelo Comitê de Ética em Pesquisa da Secretaria de Administração Penitenciária do Estado de São Paulo[1] e executada pelo Grupo de Estudos e Pesquisas em Ética em Área Sociojurídica da Universidade Federal do Tocantins (GEPE-ASJ-UFT), desenvolvida com o objetivo central de mapear os serviços prisionais no Brasil, no caso da área um (01) da pesquisa, que compreende a Região Norte, o Distrito Federal, o Mato Grosso e as Unidades Prisionais Federais.

Considerando que os parques prisionais no Brasil se mostram difusos quanto ao tipo jurídico de gestão, aos procedimentos administrativos (rotinas administrativas) e também operacionais (rotinas operacionais), determinando uma perigosa fórmula de administração penitenciária, em que a lei é relativizada quanto ao seu cumprimento, uma vez que a característica fundamental entre os sistemas prisionais nacionais é sua condição difusa de gestão e operacionalização do cumprimento da pena e disposições de sentença, a pesquisa realizada serviu de base para a produção de outros produtos interessantes à administração penitenciária, como é o caso do Modelo de Gestão para a Política Prisional.[2]

O cenário, portanto, se apresenta carente de produção na área, principalmente quando se enfoca a participação específica do Serviço Social, considerando uma relação necessária ao cárcere como elemento preponderante na luta pela garantia e defesa de direitos fundamentais ao homem em ambiente propício à sua degenerescência e à produção de violência.[3]

De forma específica, os objetivos desta análise se concentram em cinco eixos, quais sejam: ponderar sobre os processos de trabalho dos profissionais

---

1. Parecer consubstanciado n. 1.156.255.

2. Documento resultado do produto "Proposta de Modelo de Gestão da Política Prisional", no âmbito de Consultoria Nacional Especializada para Formulação de Modelo de Gestão para a Política Prisional, projeto BRA/011/2014.

3. Vide os exemplos da formação de partidos criminosos como o PCC (Primeiro Comando da Capital – Brasil), FDN (Família do Norte – Norte), CV (Comando Vermelho – Brasil), Thundercats (Pernambuco), entre outros.

no cárcere e em específico os assistentes sociais; refletir sobre a efetivação da proposta de atuação profissional calcada ao nexo de emancipação humana no sistema penitenciário brasileiro, em especial na Região Norte; identificar os desafios e analisar as possibilidades para a atuação profissional no sistema prisional; verificar o nível de compreensão do assistente social sobre o sistema prisional como campo de atuação e, por fim, a relação da atividade profissional com os demais profissionais e com a estrutura da enxovia.

Para compreender o universo prisional, necessário se faz considerar as diversas dimensões da realidade presente naquele mundo e que se relacionam com a atuação do assistente social, especificamente, e demais profissionais, no geral. Nesse sentido, buscaremos conceituar o campo sociojurídico como espaço de atuação profissional, bem como traremos elementos teóricos que nos permitam entender de forma mais ampla a realidade onde se forja a estrutura jurídico-penal, para assim entender o cenário que se apresenta como constituinte do cárcere. De tal modo, o mote singular de análise do presente texto habita na atuação do assistente social nas prisões do Norte do Brasil e, de forma geral, dos demais serviços prisionais, de maneira a considerar a realidade da estrutura prisional brasileira e suas interfaces, em especial com a Lei de Execução Penal (LEP) e a deontologia profissional.

Encontramos na prisão um sítio que ao assistente social apresenta as múltiplas formas de expressões da "questão social", que no Serviço Social, em linhas gerais, é entendida, segundo Iamamoto (2005), como a manifestação das múltiplas expressões da desigualdade social, realidade que compreende um espaço sócio-ocupacional que coloca o profissional diante de um vultoso desafio de buscar garantir à pessoa presa condições para que ela possa ter assegurado certo nível de dignidade humana.

Hodiernamente, em geral, ao ser condenado, o indivíduo perde, além do direito de ir e vir, os direitos políticos e também pode sofrer pena pecuniária, mas continuam assegurados todos os direitos não atingidos pela sentença ou pela lei, caso diferente daquele provisoriamente apreendido, que exceto o direito de ir e vir, nenhum direito lhe é cerceado, inclusive os direitos políticos lhe são pertinentes (Brasil, 2008).

O texto constitucional de 1988 evidencia como um dos fundamentos do Estado brasileiro a cidadania e destaca variáveis que salvaguardam o direito à liberdade individual e seu pleno exercício. Mesmo que de forma recursiva, o *habeas corpus* e o *habeas data* fazem parte dos chamados remédios constitucionais, previstos no art. 5º da Constituição Federal, recursos possíveis "sempre que alguém sofrer ou se achar ameaçado de sofrer violência ou coação em sua liberdade de locomoção, por ilegalidade ou abuso de poder" (Brasil, 2017, p. 13). Tal previsibilidade legal garante ao impetrante a manutenção do livre exercício de todos os direitos políticos e civis, tendo em vista a necessidade de se determinar o dolo ou a culpa até o trânsito em julgado da condenação, muito embora, na atual jurisprudência, o entendimento prevê a possibilidade de cumprimento de pena já em sede de condenação em segunda instância.

Em relação à execução da pena, a LEP aponta um caminho jurídico que é materializado pelas instituições carcerárias. Em âmbito nacional, o Departamento Penitenciário Nacional (DEPEN), órgão integrante do Ministério da Justiça, se responsabiliza por afirmar um rol de normativas e ações que, somadas, podem ser caracterizadas como uma política prisional brasileira com base, sobretudo, no processo de reintegração social e que sumariamente recebe por vezes a denominação de ressocialização.

O DEPEN também é o órgão responsável em gerenciar o parque prisional federal, unidades que possuem características distintas das estaduais e que assinalam por receber um público que fundamentalmente apresenta um perfil de liderança intramuros — tais lideranças, para se constituir em elemento determinante do acesso ao sistema federal, deverão entrar em conflito com os mecanismos normativos da gestão prisional e do Código Penal Brasileiro (CPB).

Em relação à execução da pena, a LEP em seu segundo capítulo dispõe sobre a assistência à pessoa presa. Nesse mote, Silva e Duarte (2016, p. 48) discorrem que: "Agora o preso depois de ter sua 'liberdade' privada se torna objeto de políticas de estado no sentido de prover sua reintegração à sociedade".

No sistema prisional, os serviços de assistência são realizados por uma equipe multidisciplinar, em que opera o assistente social — o fato de o profissional atuar em uma equipe dessa natureza não retira dele a atenção às prerrogativas deontológicas da profissão, como o que preconiza a lei de regulamentação da profissão, além das resoluções do Conselho Federal de Serviço Social (CFESS) —, que atua na defesa da cidadania e nas ações de reintegração social, visando garantir ao egresso condições para o retorno ao convívio social extramuros. É nesse norte que a LEP agrega um conjunto de ações denominadas de assistência à pessoa em "privação de liberdade".

Carece destaque que a assistência contida na LEP não é a mesma existente na Política de Assistência Social e prestada pelos equipamentos sociais, tais como Centros de Referência em Assistência Social (CRAS) e Centros de Referência Especializados em Assistência Social (CREAS), a referida lei trata, sobretudo, de um conjunto de ações específicas a serem desenvolvidas com o discurso de reintegrar as pessoas apenadas às normas de convivência social vigente.

Esse contexto, no entanto, não elimina a nítida necessidade do agir profissional em se relacionar com tais equipamentos sociais, principalmente na articulação entre cárcere e sociedade, considerando a abrangência, inclusive legal, da participação da família do preso no processo de cumprimento de pena.

Considerando que os instrumentos opinativos do referido profissional buscam se constituir em elementos de afirmação de direitos e que nesse sentido se coadunam ao que dispõe sua deontologia, nos interessa compreender, em termos gerais, de que maneira essa ação profissional é materializada no universo elencado e quais as possibilidades e desafios postos à profissão, bem como também nos preocupa saber como os assistentes sociais lidam com a sinuosa realidade prisional, considerando as bases epistemológica/filosófica que permeiam a profissão, mas também os cenários políticos que se esboçam em panorama mundial e em especial no Brasil, sopesando singularmente a proposta de efetivação de um norte com base na emancipação humana.

Esse adensamento na análise, obviamente, se impõe pela nítida articulação entre cárcere e sociedade, e dessa plêiade com o fazer profissional.

Se tivemos em outros tempos o cenário em que "As transformações econômicas e ideológicas da sociedade brasileira tornaram superado o regime monárquico. As chamadas 'questões' — religiosa, militar, escravista e eleitoral — eram manifestações conjunturais do declínio político do império" (Alencar et al., 1985, p. 172), e naquele período o cárcere possuía silhueta singular àquela realidade social, no tempo presente, estranhamente, nos parece repetida a toada, e como especificamente se singularizará nossa enxovia e, nessa repetida nova realidade, como se efetivará o Serviço Social atrás das grades?

Entendendo a importância do debate sobre os trabalhos no cárcere, compreende-se aqui que sua expansão é necessária a todas as esferas profissionais que constituem os serviços prisionais, em especial o Serviço Social. Naquilo que se refere à profissão, uma ampla gama de questões inquietadoras se põe à frente, pois em tal realidade grandes são as possibilidades de atuação, e amplas são as prerrogativas que podem ser desenvolvidas por esse profissional, todavia menores não serão os desafios e os riscos do fazer profissional autônomo com os horizontes sociais postos. Desse modo, consideram-se essenciais a realização de debates e as reflexões sobre a ação profissional do assistente social frente às diversas atribuições delegadas pela LEP na atual e futura realidade social/prisional.

Capítulo 1

Serviço Social e sistema prisional

"Malo periculosam libertatem quam quietum servitium."[1]

O Serviço Social como profissão que compõe a divisão social e técnica do trabalho é passível de inserção nos diversos espaços sócio-ocupacionais; por ora, o mote é o terreno de atuação que compreende o sistema prisional, especificamente o brasileiro. Nesse espaço, por sua vez, o assistente social encontra uma cadeia de contradições inerentes tanto à sociabilidade vigente quanto ao referido universo; a título de exemplo, destacamos a proposta de afirmação de Direitos Humanos inerente à atuação do assistente social, em ambiente de nexo retributivista.[2]

---

1. Frase encontrada pelo autor André Luiz A. da Silva em uma das celas da unidade prisional Professor Barreto Campelo no estado de Pernambuco e que significa: É preferível uma liberdade perigosa que uma servidão tranquila.

2. Vide Silva (2014).

Dessa forma, diante das condições postas pela realidade, sugere-se que o assistente social deva definir suas estratégias de intervenção, as quais carecem de considerar os diversos processos que se relacionam com a sua prática profissional, tendo em vista o direcionamento disposto pela proposta de uma sociabilidade sem exploração e que direcione ao homem sua possibilidade de emancipação, utilizando-se de sua base deontológica, em intrínseca relação com os diplomas legais vigentes.

O público que chega ao sistema prisional é formado por pessoas que vivenciam as mais variadas formas de expressão da "questão social", em que os direitos sociais e a cidadania encontram-se mitigados. Dessa feita, o profissional possui o enorme desafio de buscar a efetivação dos elementos sociais do humano, em um estado eminentemente penal, portanto deve desenvolver uma prática profissional que vise, no processo de cumprimento de pena ou disposições de sentença, estabelecer um nexo de dignidade e respeito aos direitos da pessoa humana.

É interessante destacar que muito embora, na esfera jurídica, seja recorrente a realização de perícias que resultam em laudos e pareceres sociais muito utilizados como mais um elemento de prova, com a finalidade de dar suporte à decisão judicial (Fávero, 2011), não é mote do Serviço Social a produção de prova, mas fornecer subsídios na área de sua competência à autoridade judicante para que ela possa exercer com mais segurança sua jurisdição.

Vários elementos demonstram não ser sua (assistente social) a tarefa da produção de prova. Entre eles, destacaremos um: trata-se da óbvia condição de incompetência técnica, uma vez que sua formação não se caracteriza dentre os preceitos da investigação, ou seja, não se trata de um investigador, sendo essa tarefa afeta a áreas do Direito e de Segurança Pública.

Os desafios se situam na materialização de um agir profissional em uma atmosfera burocrática e repleta de ritos, as possibilidades ocorrem justamente no fato de que, nesse espaço, a materialidade do Serviço Social, mais que nunca, se faz necessária aqui. É preciso acercar-se da legitimidade social da profissão na busca pela efetiva defesa de direitos sociais, na construção de um novo horizonte político de superação da exploração do homem como mote de desenvolvimento social, mas também colaborar no processo de mitigação da violência e barbárie, nocivas a qualquer forma de vida societária.

Hodiernamente, o sistema penitenciário é um complexo punitivo onde se segregam aqueles indivíduos que são desviantes das normas sociais estabelecidas pelo Direito e sociedade extramuros. Em geral, tal público encontra-se inserido em um contexto de extrema desigualdade social gerada pelo modo como se organiza a sociabilidade vigente, sendo então, no cárcere, submetido a um processo de controle por dada lógica institucional.

Veja-se que se na realidade extramuros sua condição de socialização é paupérrima, no cárcere sua lógica de sociabilidade ocorrerá por via de novos códigos morais e pela ampliação de sua degradação material, o que determina o acirramento do nexo extramuros de viver e aprofunda o sentido de socialização por via da violência, determinando um *homo carcerem*, com uma nítida lógica de perversão destacada em sua característica psicológica. Todavia, essa vontade de transgredir a "ordem natural" das coisas não se caracteriza pela dialética da revolução — muito embora os estatutos dos partidos criminosos sejam recheados de lemas revolucionários —, mas pela disputa em usufruir das benesses produzidas pela sociabilidade vigente.

A querela se põe com veios históricos, na genealogia da constituição social, o escravo de outrora se forja em trabalhador no presente, e as amarras anteriores da *vis corporalis* e da ideologia de elite se compõem em novos e complexos sistemas de controle e dominação em que o cárcere se faz cada vez mais um elemento fundamental.

Não entendemos que pelo cárcere se produzirá um veio revolucionário em sentido de contrapor a ordem existente para outro modelo societário, pelo menos no sentido ora existente, todavia, não deve ser imperceptível que na enxovia, dados os elementos que a constituem, existe um nicho que poderá ser cooptado para disputar de forma mais preponderante a estrutura de poder e das benesses produzidas socialmente por via da violência e da barbárie, portanto, há que se cuidar em se estabelecer elementos capazes de mitigar tal realidade. Nesse sentido, a atuação do Serviço Social se torna estratégica e fundamental para uma construção de um caminho diverso à possibilidade descrita nesse parágrafo.

Desse modo, veremos que, ao longo da história, várias foram as formas de punição e esses desenhos se modificaram no decorrer dos anos. Para tanto, a criminologia apresenta um largo cenário da evolução das penas e de suas escolas criminológicas, influenciadas por juízos difusos de compreensão de mundo e do ser, possibilitando um leque deontológico e filosófico ao cárcere de grande monta. Trata-se de juízos e metodologias apoiadas no positivismo, no funcionalismo, na complexidade, na fenomenologia, na sociologia, na medicina, entre outros, enfim, em várias matrizes do pensamento que determinaram diversas metodologias de ação no cárcere.

Tal realidade motivou que a pena por vezes se constituísse em sofrimento do corpo, e em outro momento na denominada "privação de liberdade", do suplício ao encarceramento. De maneira geral, de fato, atuaram na sociabilidade variáveis de cumprimento de pena determinadas socialmente, cada uma em seu tempo histórico e todas insuficientes para prevenir e mesmo mitigar o que se conceitua como crime.

É algo medonho conceituar e equacionar o crime se constitui em dada complexidade que ancora um feixe de variáveis de ordem sociológica, psicológica, patológica, filosófica, antropológica, entre outras, desafio que perpassa toda a sociedade em todos os tempos de sua existência e que a cada dia se alarga em seu seio, reclama e impõe um dado modo de existir que determina na sociabilidade um cenário caótico de produção e reprodução de expressões da "questão social", o que confere ao Serviço Social se debruçar sobre tal facticidade, articular os cenários da sociabilidade com sua existência, possibilitando a produção de conhecimento sobre tal mote, a fim de encontrar elementos que colaborem com seu equacionamento.

Em tempos presentes, "o sofrimento físico, a dor do corpo não são mais os elementos constitutivos da pena. O castigo passou de uma arte das sensações insuportáveis a uma economia dos direitos suspensos" (Foucault, 1987, p. 14).

Interessante perceber, em observação lateral, que tal lógica não se resume aos muros das prisões, contudo, atualmente, de maneira prevalecente, temos a privação do direito de ir e vir e as penas pecuniárias como principais formas de punição, e para o cumprimento das penas de "privação de liberdade", existem as instituições carcerárias. Essa hodierna realidade foi analisada por Foucault (1987, p. 18-19), na seguinte conotação:

> O corpo e o sangue, velhos partidários do fausto punitivo, são substituídos. Novo personagem entra em cena, mascarado. Terminada uma tragédia, começa a comédia, com sombrias silhuetas, vozes sem rosto, entidades impalpáveis. O aparato da justiça punitiva tem que ater-se, agora, a esta nova realidade, realidade incorpórea.

O que Foucault (1987) denomina de incorpórea se alinha ao *jus puniendi*, que é legitimado pelo Direito, esse que de fato se demonstra em dado sentido metafísico e que sua tangencialidade concreta ocorre através das relações sociais; no caso específico, falamos na realidade do "cotidiano prisional", ou seja, o pavilhão, a cela, a tranca. Nesse universo, o sofrimento do corpo ainda é realidade presente e não é metafísico nem abstrato, principalmente em sistemas prisionais como o brasileiro, aqui a retribuição penal é perene e se manifesta sensivelmente em afetos tristes e melancólicos no mais alto nível do juízo de Espinosa (2008).

A pena que antes tinha no sofrimento do corpo sua consumação primária, agora, com a adoção da "privação de liberdade", pretende distanciar-se dessa máxima, evidentemente sem êxito. Todavia, algumas alterações ocorreram: se o sofrimento do corpo ainda é realidade da retribuição penal, essa sofreu modificações em seus tons de intensidade. Dessa forma, a relação direta do corpo com o novo modelo punitivo não se apresenta da mesma maneira como se postava no suplício, agora o corpo possui papel intermediário, "é colocado num sistema de coação e de privação, de obrigações e de interdições. O sofrimento físico e a dor do corpo não são mais — *pelo menos no discurso* —[3] os elementos constitutivos da pena" (Foucault, 1987, p. 14), mas essa não perderá seu caráter retributivo e seu intrínseco fundamento vingativo (Silva, 2014).

É importante destacar que a atual realidade materializada no cumprimento da pena se encontra inexoravelmente conexa ao modelo de produção afirmado como hegemônico. Nesse sentido, Rusche e Kirchheimer (2004, p. 20) afirmam: "Todo sistema de produção tende a descobrir formas punitivas que correspondem às suas relações de produção", portanto, segundo essa tese, o atual sistema penal é produto do modo de produção material da vida social constitutivo no presente.

Podemos, então, compreender que a superação do atual sistema penal está condicionada à superação da axiologia do modo societário de existir, pois qualquer outro meio que porventura pudesse a vir substituí-lo dentro do atual nexo ainda estaria ligado a um sistema jurídico-penal mediado pelas relações que solicitam a atual axiologia, intrínseca à existência dos valores presentes que são também produtores do *homo carcerem*. A realidade que produz o encarceramento não deixaria de existir — segregação social, seletividade penal, controle de classe, estigmatização social, entre outros, são produtos também do atual arquétipo societário.

Segundo o juízo de Marx (1997), é na formação do proletariado que se evidencia o ser enquanto trabalhador, mas também onde se constituem fundamentos sociais prosélitos ao sistema jurídico-penal e às relações sociais inerentes ao novo formato de produção e reprodução material da vida social, sobretudo em que se destaca a supremacia da coisa frente à criatura e o âmago do ter em detrimento do ser, impondo uma axiologia avarenta que dificilmente será encaixotada pela coerção legal, colaborando para a efetividade do existir como pessoa criminosa, esta que não atende de forma específica às normas de condutas éticas e morais, patenteadas juridicamente como funcionais à ordem constituída e defendida pela lei e pena.

---

3. Grifos nossos.

É o ser que se constitui e se objetiva como pessoa criminosa que habitará o interior das celas das prisões, uma massa carcerária que se revela diante da perversidade que lhe é inerente e que impossibilita sua adequação às condições projetadas para uma "vida harmônica" em uma sociedade normatizada. O agravante é que embora essa realidade de cometimento de crimes seja comum a todos, na enxovia se percebe uma nítida proeminência de pessoas vulneráveis economicamente; são esses homens, mulheres e adolescentes que se forjam como usuários do Serviço Social no cárcere.

Nesse processo, o Serviço Social insere-se em um contexto de institucionalização com função esperada de contribuição com o *establishment,* participando da denominada política de reintegração/ressocialização, nos recordando do sentido fundamental de sua solicitação pelo tempo histórico,[4] em que sua ação caritativa, burocrática ou subjetiva se impunha no agir profissional aceitando os marcos deontológicos e axiológicos da sociabilidade vigente, hodiernamente, no campo sociojurídico do sistema prisional, em que este exerce o papel de controle social. No sentido de proporcionar legitimidade às leis socialmente determinadas e sua fundamentação axiológica, o Serviço Social é requerido a fim de legitimar tal metodologia.

Inserido nesse contexto, o profissional diante das expressões da "questão social" lida de forma mais específica com a criminalização da pobreza e com a criminalidade. A primeira é definida como "aquela que é um processo político ideológico" (Pereira, 2012, p. 100), já a criminalidade "[...] é um dado real. Existe uma produção intensa na sociedade brasileira, que, como todos os pressupostos do capitalismo, é altamente rentável para a sociedade brasileira, do ponto de vista da economia lícita" (ibidem, p. 101).

A criminalização da pobreza ocorre fundamentalmente no controle da miséria pelo sistema de justiça, especificamente o de natureza penal, em que o Direito positivado é usado como remédio para a resolução de problemas objetivados no seio das relações sociais vigentes, que já apresenta sinais de estagnação; vejam-se as propostas da justiça restaurativa.

---

4. Vide Montaño (2007).

É salutar a percepção de que uma nova proposta societária sempre se faz presente na vigência da anterior, assim é que no sentido jurídico penal, dado o nítido esgotamento do paradigma retributivista, na lide, percebe-se a busca pela reintegração das partes litigantes, um cenário de certo modo recente e interessante trazido pela justiça restaurativa e que carece de tempo para se verificar seu caminho, desenvolvimento ou mitigação.

Realizado o registro anterior, não podemos perder de vista toda a estrutura existente com a concretude dessa realidade societária — criminalidade —, que vai desde as escolas de formação de profissionais operadores do Direito até as instituições que formam o conglomerado prisional, enfim, teremos uma mastodôntica estrutura societária para lidar com a questão de lei e pena.

Seguindo o raciocínio de Iamamoto (2009), de que dentro da sociedade capitalista, em meio às suas relações sociais, as desigualdades produzem questões típicas do atual modelo societário, nos situamos aqui, em matéria de trabalho do assistente social, frente às relações de custódia genuínas aos parques penitenciários. Dessa maneira, não defendemos que o mote da atuação dos assistentes sociais seja a custódia, ao contrário, entendemos que o mote seja a "liberdade", evidentemente esta entendida no espaço ocupacional "sistema prisional" como o retorno à vida social extramuros, porém, na reflexão que aventamos, tal retorno talvez se configure em redução de danos, uma vez que nosso *télos* se coaduna com a proposta de emancipação humana.

Pereira (2012, p. 103) conceitua relação de custódia como "a relação de guarda em segurança, atribuída ao estado" e se aplica quando o indivíduo infringe alguma normativa estabelecida pelo Direito, sendo ele considerado um "criminoso" e, segundo dados do InfoPen (2016), a franja social que recebe tal tipificação é majoritariamente formada por pessoas negras, de baixa escolaridade, de baixa renda e com pouco acesso às políticas públicas e de inclusão social. As exceções produzidas contemporaneamente com prisões de personagens da política nacional ainda são uma realidade a ser analisada, porém nos parece evidente que, mesmo nas prisões, esse público não recebe metodologia idêntica à dos demais membros da população carcerária.

Nesse aspecto, faz-se necessário sopesar que a custódia não representa o objeto do assistente social quando inserido no espaço sócio-ocupacional do sistema prisional, parece-nos muito mais condizente, sobretudo com sua deontologia, a sua atuação observar o obséquio em âmbito de liberdade, mesmo com toda a gama de complexidade que carrega o termo. Para tanto, observe-se o juízo de Oliveira (1998), em que a liberdade em análise com o juízo marxiano ganha conotação de radicalidade singular, mas não só nesse veio, a liberdade é fundamento caro ao juízo da humanidade, rios de tinta verteram nessa perspectiva, porém a aporia que se coloca ainda pulsa e clama análise.

O Brasil atualmente é o quarto país no mundo em número absoluto de presos e a quantidade de pessoas privadas do direito de ir e vir através de disposições de sentença ou trânsito em julgado já ultrapassa as 726 mil pessoas. Ao analisar o perfil da população carcerária, verificamos que 55% dos presos têm entre 18 e 29 anos, 64% são negros, 90% não chegaram a concluir o ensino médio e 96% possuem renda inferior a um salário mínimo (INFOPEN, 2016).

Tal realidade nos leva a refletir sobre a existência de seletividade quanto à população carcerária, seja devido à análise que afirma que o cárcere desempenha um papel fundamental no controle de uma classe em prol da manutenção da hegemonia socialmente estabelecida, seja em razão mesmo do formato societário vigente que determina um amplo e irrestrito acesso à justiça pela via econômica. No cenário apresentado, como estamos a demonstrar, as pessoas que ocupam os parques penitenciários são oriundas de camadas sociais subalternizadas, forjadas no interior das periferias, todavia, o crime perpassa toda a sociabilidade.

De acordo com Braga e Angotti (2015, p. 15): "O cárcere brasileiro é lugar de exclusão de excluídos sociais, espaço de perpetuação das vulnerabilidades e seletividades em prática extramuros". Nesse sentido, Wacquant (2001a, p. 11) afirma que as prisões brasileiras "se parecem mais com campos de concentração para pobres, ou com empresas públicas de depósito industrial dos dejetos sociais, do que com instituições judiciárias servindo para alguma função penalógica — dissuasão, neutralização ou reinserção".

Esse horizonte nos leva a afirmar que tal realidade abriga um contingente de pessoas que têm suas vidas vilipendiadas não só, mas também, pelas condições impostas pelo determinante propulsor da sociabilidade vigente — a desigualdade social – e, obviamente, a exploração. Todavia, há de se tomar cuidado para não cairmos na visão simplista e determinista de que unicamente a pobreza é que gera a criminalidade e que somente pobres se tornam criminosos, no entanto, é incontendível a juntura entre criminalidade e exclusão social. Igualmente, não devemos cair no romantismo de que a população carcerária é formada por vítimas incontestes e, desse modo, o diálogo será o único elemento a ser utilizado na enxovia para os "coitadinhos". De fato, a forja que determina a população carcerária impõe um público que não raro, em sua manifestação de violência e barbárie, só se contém através da força, realidade lamentável, todavia, realidade.

Tal reflexão poderá ser apoiada na verificação de que, conforme assevera Marx (1985, p. 45), nas sociedades em que predomina o modo de produção capitalista, sua riqueza aparece como uma "imensa coleção de mercadorias". Assim, para se ter riqueza na sociedade que vige se carece de ter, de colecionar, de possuir coisas, e todos esses atributos se relacionam com uma axiologia egoísta, portanto, se de um lado os valores de socialização reclamam uma "coleção de mercadorias" para se ter aceitação social, de outro, a deontologia positivada conclama a aceitação pacífica da desigualdade social e, assim, da pobreza.

Desse modo, na luta desses "gigantes" se constitui o devir das ações e algumas delas conduzem ao cárcere, possibilitando que possamos averiguar na enxovia as condições de precariedade, as quais ficam evidenciadas nos dados oficiais sobre os parques penitenciários brasileiros, que, em tempos recentes, apresentam déficit de aproximadamente 358.663 vagas, e há no país 1.449 unidades prisionais que somam um total de 368.049 vagas,[5] aspectos que demonstram a recorrente superlotação das prisões no Brasil

---

5. Dados do Levantamento Nacional de Informações Penitenciárias de 2016.

e um aprisionamento em massa, realidade que resulta em uma série de consequências lastreadas por traços de violência e barbárie.

Muitas vezes, essas condições são fatores determinantes para o início de rebeliões — as rebeliões podem ter como causa diversos outros fatores, como demonstração de poder de facções, tentativas de fugas, "necessidade" de aniquilamento de concorrentes, entre outros —, e/ou outros atos de violência, além dos afeitos ao cotidiano prisional (Silva, 2014), como maus--tratos, torturas e abusos cometidos pelos representantes do Estado que se encontram responsáveis pelo zelo da custódia da população carcerária.

Porém, é fato que a resolução dos problemas de ordem criminológica não se encontra atrelada à ampliação física do conglomerado prisional nacional, pois ao longo das últimas décadas houve aumento significativo no número de unidades prisionais no Brasil e mais ainda de sua população carcerária, não obstante o problema do crime e, consequentemente, da violência continuam a existir, diria que, sobretudo, nos parques prisionais, ainda mais se adensou.

O censo penitenciário de 1993 realizado pelo Ministério da Justiça demonstrou que, naquele momento, o país possuía 297 unidades prisionais, com um déficit de 74.533 vagas. No entanto, na atualidade, a exiguidade de vagas se mostra bem mais elevada, apesar do crescimento exponencial no quantitativo de estabelecimentos penais, isso sem falarmos na denominada demanda reprimida no que concerne aos mandados de prisão não cumpridos.

Portanto, sem reformas estruturais no seio da sociabilidade, que levem em consideração, inclusive, novos parâmetros axiológicos tanto na forma de punir quanto no sistema de justiça, as mudanças podem ser pouco relevantes e a acintosa afronta aos prolegômenos de justiça e à dignidade humana continuará a existir, e a pobreza, de forma atávica ao longo dos tempos, permanecerá a habitar as prisões.

Vejamos que os dados são sempre datados e carregam consigo significativa desconformidade com a realidade, pois só o fato do que se denomina de "demanda reprimida", ou seja, os mandados de prisão que não são cumpridos, determinaria outro universo para o déficit de vagas nas unidades prisionais brasileiras. Assim é que, ao se trabalhar com pesquisa no sistema prisional, espaço interessante ao assistente social, o tratamento de dados carece de arguta ponderação, sobre a qual poderá facilmente incorrer em "equívocos hermenêuticos".

Contudo, o denominado Estado Penal — o Estado Penal pode ser definido pelo aumento significativo da repressão legal sobre as populações pobres, como uma forma de regular os efeitos da redução das políticas sociais. Dessa maneira, o Estado modifica seu papel, passa de garantidor de políticas sociais a um Estado de contenção social e penal (Wacquant, 2001a) —, uma espécie de judicialização das relações sociais se torna cada vez mais evidente na presente quadra histórica brasileira.

Borgianni (2013) disserta que o encarceramento do estrato social mais vulnerabilizado é a face mais perversa da lógica que se perpetua na sociabilidade vigente, qual seja, a de resolução de conflitos por meio da judicialização da "questão social", caminho que resulta também em apelos para que exista no Brasil mais recrudescimento das penas, bem como visto no forte recurso para que haja diminuição da idade de imputação penal. Trata-se de se encaminhar pelo Código de Processo Penal (CPP) e não pelo Estatuto da Criança e do Adolescente (ECA) ou para alguns ECRIAD adolescentes que materializam ações antijurídicas tipificadas e culpáveis e com a consequência de condução deles ao sistema prisional brasileiro.

Isso caracteriza uma espécie de "populismo político e punitivo", uma vez que essas propostas, em geral, não se ancoram em pesquisas nem estudos e pouco falam do como fazer, se lança a ideia e se colhem os frutos políticos através da ingenuidade e da ignorância de um povo mal instruído e pouco atento ao cenário social, pois tem que lutar todo o tempo pela sobrevivência orgânica. Veja-se que hodiernamente os parques prisionais estão quase todos superlotados, com os serviços comprometidos, sem pesquisas para amparar um sólido aprimoramento, com demanda reprimida, significativo absenteísmo funcional, enfim, do sistema prisional brasileiro a palavra que se pode agregar com propriedade é o termo falência; nesse caos, propõe-se injetar adolescentes.

Uma proposta dessa monta careceria, antes de tudo, de estudos austeros, o próprio IPEA poderia realizá-los através de chamadas públicas e da contratação de um corpo de especialistas. Só após essa verificação, considerando ainda recursos e o como fazer, ou seja, para onde seriam encaminhados esses adolescentes a fim de que não venham a se tornar "soldados" dos partidos criminosos, é que se poderia lançar a proposta para a sociedade.

Dessa forma, o Brasil tem buscado um caminho que evidencia uma postura de "endurecimento penal emotivo". Essa realidade nos convida à compreensão de que no sistema prisional, não só pelo encarceramento, mas também pelas condições que se efetivam no cotidiano intramuros, pratica-se flagrantemente uma lógica afeta à retribuição penal e a um controle social direcionado. Todavia, asseveramos tanto pela vivência prática que possuímos como pelos estudos que realizamos que o sistema prisional não é ambiente para amadores nem para testes incipientes, uma vez que a morte é mote cotidiano da vida intramuros.

Essa é a lógica que renitentemente se perpetua nos parques penitenciários brasileiros e encontra sustentáculos de afirmação nos aspectos ideológicos e axiológicos da sociedade, que são legitimados ante a sensação de impunidade e a complexos processos ideológicos que prendem a população brasileira a uma análise de realidade adjetiva, tornando laureadas as práticas de endurecimento punitivo, possibilitando a execução de ações político-administrativas que ratificam a existência do Estado Penal (Silva e Duarte, 2016). Todavia, o que se verifica na enxovia é que quanto mais dureza e violência, mais forças para os partidos criminosos.

A inexistência de uma sociedade mais igualitária e mais justa na distribuição de sua riqueza retira da população as "condições mínimas" para subsistência e proporciona a mitigação de direitos elementares, contribuindo para a prática de atos de objurgação ao atual modelo societário, no qual acaba por ser definido como comportamento criminoso. Nesse momento, esses indivíduos que já se encontram excluídos do acesso aos bens sociais são expelidos do convívio social e colocados em condições comumente "desumanas".[6] Tão evidente é esse nexo que nos surpreende quem por puro romantismo, ou equivocada análise, pretende fazer da custódia o objeto do assistente social no trabalho prisional intramuros.

De fato, ao cárcere brasileiro, como se encontra, só cabe seu aniquilamento, pois em largos sentidos sua existência corrobora para a perpetuação da lógica do egoísmo e da barbárie e, aqui, não se confunda pura e simplesmente com o debate abolicionista da pena, estamos ponderando algo mais profundo que reclama um novo arranjo de caráter axiológico para a sociedade, pois conforme já asseveravam alguns, a cada modelo de sociedade cabe aquele de cárcere ou de afirmação de suas leis e valores.

Enfadonha já é a afirmação de que o cárcere no Brasil se constitui em um local insalubre, onde a população carcerária é submetida a condições precárias de vida, convivendo com superlotação, estrutura física precária e falta de higiene, lugar em que os Direitos Humanos não se efetivam. Portanto, para os assistentes sociais, são grandes os desafios no sentido de desenvolver sua práxis interventiva que busque enfrentar essa problemática, efetivando os princípios fundamentais de sua deontologia.

A preocupação é aquela pela efetivação do processo democrático[7] que alcance todos os níveis da objetivação dos sujeitos sociais, inclusive aqueles que estão em sede de cerceamento de direitos. Esse cenário é fundamental para se registrar a capacidade do exercício democrático dos direitos de cidadania, pois ocorre fundamentalmente afeto àqueles que se contrapõem às normas vigentes, o que, em geral, é exatamente o caso da população carcerária, guardando todo um contexto que reclama uma análise acurada de uma sociedade de uma significativa massa de excluídos e de uma elite incluída e em disputa pelo poder, legitimada socialmente pela lógica da acumulação, inclusive no que tange ao acesso à justiça.

---

6. O termo é utilizado como referência ao desprezo pelo ser humano, objetivando a barbárie conjugada como elemento de materialização da violência em suas mais variadas nuances.

7. Democracia diversa à lógica da democracia burguesa.

Ao considerar o artigo 5º da Carta Constitucional Brasileira de 1988, que assegura a todo brasileiro igual acesso à justiça, nós constatamos um disparate formado entre o conteúdo impetrado na letra da lei e a realidade experienciada pelas pessoas que chegam ao sistema penitenciário, apesar de a Lei de Execução Penal (LEP) elencar um rol de ações que versam sobre o acesso à justiça e a garantia de direitos para a pessoa presa, sendo essas garantias essenciais para se pensar a articulação entre o fazer profissional dos assistentes sociais e o exercício da cidadania no sistema penal.[8]

Carece de atenção de que, no devido processo legal, o acesso à justiça passa pelo imperioso "guarda-chuva" econômico, a custa processual para apelação e contratação de advogados é significativa, os serviços de defensorias parecem-nos como uma atuação quase para legitimar o sistema de exclusão, com baixo investimento e uma hercúlea demanda, utilizando-se de servidores cedidos e com forte *lobby* político para o não concurso nessa área, determinando que seja humanamente improvável a efetivação de um razoável atendimento, sem falarmos no vexame que se determina para os servidores do referido órgão, tanto no que tange ao modelo de exploração quanto à exposição profissional diante da população que pouco compreende a realidade do cenário em que se colocam tais serviços.

Mas em uma sociedade organicamente egoísta, a mínima parcela que possui os meios de produção possui hegemonicamente o acesso à justiça, e esta se encontra longe de uma neutralidade.

Considerando as tecnologias empregadas a favor do processo de acumulação, como fordismo, toyotismo, entre outras, encontramo-nos em tempos de reestruturação produtiva — conjunto de transformações ocorridas no mundo do trabalho e no cenário produtivo, o qual levou a uma flexibilização nas formas de organização e gestão da força de trabalho, bem como dos processos de acumulação do capital (Antunes, 1997) —, que afirma a predominância do poder dos donos dos meios de produção e da matéria bruta.

---

8. Por mais que seja uma cidadania nanica e nos moldes burgueses.

Favorecimento que lhes permite, na atual conjuntura social, a compra da força de trabalho de uma fração de pessoas que, ao saírem da condição de servos da gleba, necessitam de efetivação do trabalho necessário para sua subsistência, porém outra parcela de pessoas sequer consegue comercializar sua força de trabalho e forma o chamado exército industrial de reserva.

Vejamos que agora o humano já não é importante. Nessa dimensão, o que interessa é o ser como mercadoria, isto é, como força de trabalho. Nesse sentido, somos conduzidos para um existir dentro da seara da dimensão orgânica, uma vez que o ser é composto de duas dimensões, orgânica e espiritual, todavia a dimensão espiritual é belicosa ao *establishment*.

Na ontologia do ser social, Lukács (1979) desenvolve todo um construto de afirmação da autonomia do homem, também verificado por Oliveira (1998), ao tratar da problemática da liberdade em Marx. São análises que apontam o caminho dimensional entre o homem e o mundo das coisas, que determina sua condição de sujeito de sua história quando ultrapassa o requisito orgânico balizado pelo instinto e realiza pela pré-ideação uma direção da razão, podendo desenvolver-se não apenas organicamente, mas principalmente no viés social.

Ocorre que, nessas verificações, é possível constatar que para a hodierna sociabilidade se faz necessária a mitigação daquilo que se denominou de espiritualidade humana ou, em outros termos, a própria humanidade.

No debate do Serviço Social, podemos identificar tal conjectura em Martinelli (2006, p. 11), ao referendar que, "em uma sociedade, como a nossa, que se organiza por esta lógica de mercado, as pessoas são importantes enquanto são produtivas e quando não produzem, é como se já não fossem seres humanos".

Dentre as implicações concernentes desse processo, encontra-se o exacerbado índice de pauperização. "Os pobres considerados viciosos, que por sua vez, não pertencem ao mundo do trabalho — uma das mais nobres virtudes enaltecidas pelo capitalismo —, representam um perigo social" (Coimbra, 2006, p. 06), de forma a justificar, assim, as medidas coercitivas, uma vez que são criminosos em potencial, evidenciando a função extrapenal do cárcere, que está diretamente ligada à criminalização da pobreza e do controle de franjas sociais específicas.

Carece destaque que o referido controle possui dimensões difusas, sendo o cárcere uma delas, talvez uma das mais importantes, pois, sem dúvida, a de maior envergadura é o próprio nexo de produção e reprodução material da vida social. Todavia, não podemos deixar de verificar a ação que o preconceito, os moralismos e a própria teologia adjetiva e superficial exercem nesse cenário, pois embora não sejam elementos positivados, são interessantes ferramentas de controle comportamental dos indivíduos, contudo, ultrapassando essa dimensão, teremos o contexto da lei e pena e, com esse complexo, a enxovia como apoio fundamental de afirmação da sociabilidade vigente e seus fundamentos.

Vale ressaltar que o processo de reprodução social presente forja uma série de problemáticas de cunho ideológico. Por meio de falsas consciências se criam certas concepções moralmente aceitas, mas analiticamente imprecisas. Dentre elas, eis a questão do trabalho e sua relação com o indivíduo, fato em presença no Brasil, tendo em vista que, na primeira metade do século XX, a falta de trabalho era tratada como questão de polícia, na qual o indivíduo que não possuía carteira de trabalho era visto como indolente e não tinha acesso às principais políticas assistenciais, portanto, a carteira de trabalho se "constituía no passe para a obtenção do *status* de cidadania, permitindo o acesso às políticas de assistência" (Silva, 2014, p. 110).

Atualmente, ainda é possível verificar que aqueles que não estão inseridos no mercado de trabalho e necessitam das políticas sociais recebem, por parte da sociedade, associações negativas nas quais por vezes são vistos como preguiçosos, indolentes, malandros etc. Portanto, a própria sociedade, por meio de uma nefária impositividade moral, trata de negar a quem não está submetido às condições do trabalho explorado prerrogativa para o alcance da cidadania, alimentando o mito de que o trabalho dignifica o homem.

De fato, o trabalho em sentido ontológico é louvável ao ser, todavia, o trabalho do tipo explorado é nefasto ao ser. Ocorre que essa lógica faz parte de um processo ideológico sofisticado que determina que aqueles indivíduos da própria sociabilidade, que são vítimas desse modo de trabalho, o elenquem como digno ao homem, sem as devidas análises e mediações, como também determina que negros se posicionem em sentido escravocrata, que cristãos sejam belicosos, que pobres defendam o consumismo inerente à ordem posta, entre outras estranhas leituras de realidade e posicionamento societário.

Quanto à população carcerária, esse é um fator que se adensa ainda mais, pois trata-se de indivíduos que serão vítimas dos mais variados estigmas e preconceitos, fatores que corroboram para impedir que essas pessoas consigam uma vida social "harmônica" e que tenham acesso ao mais básico direito, recebendo estigma de presidiário ou ex-presidiário, determinando seu existir segregado da sociedade, exceto que consigam o obséquio da acumulação.

Veja-se que, no Brasil, temas sobre o denominado processo de ressocialização recebem inúmeras críticas, como o caso do goleiro Bruno e da jovem Richthofen, que inflaram o Brasil quando da divulgação de que iriam conseguir emprego quando da progressão de regime.

Não estamos aqui comungando com os atos praticados, tampouco os defendendo, mas tão só percebendo a necessidade de verificação da proposta de ressocialização ou reintegração, ou ela vale ou não vale, não cabe ao Estado e à sociedade criar uma lei e ao seu bel-prazer utilizá-la ou não, então que a sociedade mude a lei e, novamente, aplique-a a todos.

Esse cenário apenas corrobora para colocar em xeque o conceito de ressocialização e/ou reintegração. Veja-se que os dois casos tratam de indivíduos com perfis distintos daqueles que o InfoPen apresenta sobre a população carcerária brasileira, todavia, mesmo ainda com singular possibilidade de acumular, suas propostas de reintegração social estavam em franco ataque. A sociedade brasileira demonstra com isso que ainda é adepta ao velho sentido da vingança e que essa axiologia é uma porta aberta para o recrudescimento das penas e da degradação humana nas enxovias brasileiras.

Cabe ressaltar ainda que as condições de alijamento da identidade de cidadão da pessoa presa tomam ares mais caóticos quando nos referimos a certas tipificações ou minorias, não havendo nas instituições carcerárias, muitas vezes, condições que garantam ao menos a manutenção da vida dessas pessoas. É o caso, por exemplo, dos travestis, daqueles que cometem crimes como estupro, entre outros.

O cárcere e o sistema de justiça, no cumprimento de seus papéis dentro da estrutura societária vigente, desenvolvem, entre outras, sobretudo a função de "neutralizar a periculosidade das classes perigosas através de técnicas de prevenção do risco, que se articulam principalmente sob as formas de vigilância, segregação urbana e contenção carcerária" (Giorgi, 2006, p. 28).

Com esta compreensão, podemos verificar que o modelo de sociedade impõe um nexo axiológico que colide com a estratificação social dos sujeitos. Se por um lado se forja a necessidade em se acumular, por outro as condições societárias não garantem a todos essa condição; evidentemente que, nessa querela, há que se esperar a existência de contenções, controles e violências no cerne das relações sociais.

Concluímos com a argumentação até aqui apresentada que "essa moldagem intentada pela prisão tem como horizonte político a conformação dos indivíduos à ordem social instituída sob a égide do capital" (Pires, 2013a, p. 363). Portanto, o cárcere se apresenta como funcional aos interesses do poder constituído, com o desígnio de punir quem não se encontra dentro dos parâmetros desejados pelas classes dominantes, servindo também de intimidação àqueles "que tenham potencial para colocar em xeque a propalada harmonia e equilíbrio social" (idem).

Porém, não é o cárcere a instituição ideal quando o propósito é adolescer uma proposta de diminuição da criminalidade, pois o enfrentamento ao fenômeno da criminalidade não se faz somente com a retirada de grupos de indivíduos do convívio social, até porque o cárcere não tem tido eficiência na mitigação do denominado "crime organizado". De fato, o crime só poderá ser enfrentado com algum nível de eficiência caso ocorra o enfrentamento aos reais problemas da sociedade, que, em mastodônticas proporções, se põem como a gênese para a formação do grupo de pessoas que hoje dão contorno à prisão, pois, conforme afirma Wacquant (2001a, p. 12), a urgência "é lutar em todas as direções não contra os criminosos, mas contra a pobreza e a desigualdade".

No entanto, não é essa a máxima que prevalece nas ações do Estado, pois que em uma relação imbricada, o Estado nacional na afinidade com o setor privado garante a usura das "elites". Temos ainda nesse rumo os que buscam dentro dessa franja social, cada vez mais, a demonstração do conceito de ostentação e não raro à custa de crimes fiscais e tributários, fundamentalmente na relação entre empresas privadas, decisões políticas e recursos públicos.

Nesse terreno, a atuação do assistente social encontra-se inserida em um contexto de judicialização da "questão social", em que o Estado intervém buscando resolver um problema social pela via jurídica, e o crime é visto sob uma ótica fortemente funcionalista, sendo entendido como um mal individual, não levando em consideração a produção social do crime (Pereira, 2012).

A judicialização da "questão social" é entendida como intervenção do Estado perante problemas sociais, por vias postas através do universo jurídico, ou seja, trata-se da repressão, violência e criminalização de fenômenos originários, sobretudo, da desigualdade social, gestada a partir das contradições inerentes à lógica societária vigente, sendo caracterizada como práticas superadas no trato dos sujeitos afetos às mais variadas expressões da "questão social" (Borgianni, 2013; Barison, 2014).

Tal panorama coloca o assistente social diante de um público alijado da maioria de seus direitos sociais, todavia altivo na produção de violência. O assistente social lida continuamente com indivíduos que têm suas vidas assinaladas pelo mínimo acesso às benesses sociais, são pessoas marcadas pela exclusão, pobreza e discriminação, portanto é preciso conhecer, de forma lúcida, os valores impressos na vida social dessas pessoas que compõem o grupo majoritário da população carcerária.

Aos assistentes sociais, analisar democracia e cidadania "é crucial para o posicionamento profissional" (Sposatti, 1992, p. 24). Contudo, ao levar em consideração as relações sociais e políticas estabelecidas, a afirmação da cidadania nos cânones atuais nos instiga a perceber que interessam de maneira mais contundente às "elites" políticas e econômicas, pois sob os auspícios da axiologia vigente a acepção de cidadania se encontra encoberta pela ideologia dominante, sendo, então, uma cidadania burguesa assentada sob um modelo fetichizante de relações sociais (Gueiros, 1991).

Silva (2014, p. 51) tensiona a relação da cidadania com a sociabilidade burguesa, na qual "cidadania supõe fundamentalmente a capacidade de consumo e de produção", acrescentaria também de acumulação, lógica afeita a todos os membros da sociedade, em que os acessos aos direitos e às benesses da sociabilidade estão condicionados ao poder aquisitivo das pessoas. Os pressupostos de liberdade nessa conjuntura se caracterizam de forma fetichizada através da capacidade de adquirir mercadorias como passaporte para o exercício da cidadania.

Mesmo com esses termos, o desrespeito à cidadania e à dignidade das pessoas em situação de prisão é caracterizado pela existência de torturas, superlotação, ausência de atividades e projetos educativos e de práticas esportivas, descumprimento da legislação afeta ao sistema prisional, entre outros.

Há, portanto, o desrespeito à Lei de Execução Penal e à Constituição Federal de 1988. Fatos que nos levam a refletir sobre o *jus puniendi,* no sentido de que o Estado descumpre a lei ao custodiar quem descumpriu a lei, não atendendo às prerrogativas estabelecidas nos diplomas legais para o tratamento das pessoas presas, condição que leva ao aviltamento das possibilidades de efetivação dos direitos das pessoas presas. Há quem defenda a tese de que essas pessoas nenhum direito possuem; para tal realização, controversa no mínimo, que se modifique a lei.

Isso evidencia a existência de um Estado ineficiente quanto a suas práticas penais, onde falar em prisão nos remete pensar em uma instituição que já nasceu falida, em face de sua proposta de ressocialização e reabilitação de indivíduos. De fato, essa falência que apresenta incapacidade de gestão, antes sim, se trata da proposta de retribuição penal camuflada em inabilidade gerencial do Estado, dando margem inclusive para a privatização do sistema prisional brasileiro.

Todavia, não se deve compreender o Estado de forma isolada, sempre será prudente compreendê-lo em sua relação com a esfera privada e o mercado. Nesses termos, perceberemos que talvez seja possível afirmar que a prisão é uma bem-sucedida instituição, pois ela cumpre fabulosamente a sua função social — controle, reprodução e perpetuação do *establishment*.

Esse universo, por outro lado, determina o desenvolvimento de fenômenos preocupantes, como a criação no interior das unidades prisionais brasileiras de partidos criminosos, todavia na prisão se encontra apenas seu braço operacional e os seus estatutos possuem os seguintes lemas: PCC – paz, justiça, liberdade, igualdade e união acima de tudo ao comando; FDN — liberdade, respeito, luta, justiça e união; CV — justiça, paz, liberdade, união, respeito e luta.

Desse modo, notório é que existe uma luta operacional e política que abre espaço significativo para pautas que reivindicam princípios balizares de uma sociedade organizada na disputa, na lide social. Dessa forma, as condições inerentes ao processo de retribuição penal, que são a precariedade e o sofrimento, próprios da enxovia nacional, determinam campo fértil para a proliferação de comandos criminosos como estratégia de sobrevivência, ancorados no direito de resistência (Silva; Duarte, 2016). Haja vista o "estado delinquente", aquele que descumpre com as próprias leis que elege e se desejarmos, considerando que o Brasil é um país cristão, também na máxima penalógica cristã, onde aquele que pode atirar a pedra nada deve possuir de desabonador, o próprio Estado se põe em crise axiológica e coloca em xeque o *jus puniendi*.

O que ocorre e que nos parece tão óbvio, e as ditas "autoridades" tentam cortinar, é que na enxovia, quanto mais condições insalubres, de violência etc., mais o braço operacional dos partidos criminosos recebe adeptos.

Veja-se que com tal constatação, as ações de custódia, que são as mais enfatizadas intramuros, da forma como ocorrem, forjam espaço e força aos partidos criminosos, ao contrário, os serviços de reintegração e mesmo de promoção dos Direitos Humanos e de dignidade da pessoa presa, caso exato do agir profissional dos assistentes sociais atrás das grades, colaboram, mesmo que ainda de maneira incipiente, devido mesmo ao complexo contexto em que atuam, com a mitigação desse fenômeno, ou pelo menos não instigam seu crescimento.

No contexto presente, seguindo as achegas apresentadas, imaginamos quão árdua a tarefa da custódia, como o representante do Estado no cárcere pode arguir com a população carcerária sobre a legitimidade de sua manutenção na cafua, quando a mesma população possui acesso, mesmo que pelo filtro da mídia, ao contexto nacional de violações de toda a sorte da lei pela "elite" nacional, fundamentalmente aquela afeta ao cenário político, mas não só, pois no Brasil se imbricam economia e política, ou melhor, politicagem.[9]

Tem-se, desse modo, caracterizado que a existência formal de garantias individuais e coletivas no campo do Direito não avaliza a sua efetivação, a existência do estatuto legal em nada garante o seu exercício efetivo, pois a inclusão de garantias individuais ou coletivas na esfera jurídica não força a sua concretização. Fatos que evidenciam a incapacidade do Estado, de suas instituições e da sociedade em garantir por meio da esfera jurídica a efetivação das leis, condicionante que resulta na impossibilidade de certos grupos sociais terem acesso ao que se encontra previsto nos termos dos textos legais, pois no Brasil os elementos gerencias da vida social demonstram que se pratica uma justiça política.

Diante dessa problemática estrutural do aparelho estatal, vê-se a impossibilidade de garantia dos requisitos de dignidade humana da pessoa presa. Para reverter essa situação, cabe a ultrapassagem dos limites institucionais, buscando condições concretas que efetivem os direitos sociais, em franca

---

9. Do termo se entenda a subterrânea política que se encontra incutida nas instituições públicas e privadas, em que o compadrio é a regra e a fulanização dos atos é acompanhada pela lógica carismática e de um moralismo teológico superficial e frágil de exemplos, que decide o como gerir o espaço público e privado do país; mais que nunca, essa realidade se faz presente.

ameaça nos tempos presentes, possibilitando à pessoa presa não somente o conhecimento dos direitos existentes, como também meios que permitam o seu acesso. Mastodôntica tarefa em tempos de crise econômica e axiológica, pois sabe-se que quando "há sangue nas ruas", eis o melhor momento de se ganhar dinheiro. Nota-se como se tornou fácil às "elites" derrocarem direitos conquistados a duras penas, em favor de seus interesses de acumulação, aqui não se entenda uma defesa ao socialismo ou ao comunismo, hodiernamente esses pressupostos estão em contexto de utopia, se trata de requisitos básicos, a fim de que, na sociedade capitalista, se possam propiciar os requisitos fundamentais a uma vida social com dignidade e economia coerente com a vida de humanos.

A atual configuração do sistema penitenciário é própria das condições de existência do modelo de acumulação, no qual pela via da criminalização da pobreza se busca o controle da classe subalternizada da sociedade, e por meio do modelo neoliberal de Estado, moderado pela diminuição das políticas públicas, essencialmente as políticas sociais, emergem os fatores que confluem para o aumento de fato típico antijurídico e culpável. Condição que resultou na prevalência de políticas de endurecimento penal e encarceramento em massa, em que as políticas de repressão substituem as políticas profiláticas do crime (Barros; Jordão, 2016).

A afirmação de qualquer direito intramuros se constitui em um complexo desafio profissional para o assistente social, pois a dignidade da pessoa humana é proeminência política na ação do Serviço Social e deve emergir de ações que afirmem o humano acima de conceitos mercadológicos ou retributivos, ainda mais quando surgem tempestivamente.

Destarte as achegas apresentadas, Silva (2014) sopesa que a população carcerária, envolvida pelo retributivismo penal em instituições fundamentadas por uma concepção de natureza liberal, está assentada sob uma perversa realidade que aspira para a impossibilidade de afirmação de direitos emancipatórios e dos chamados Direitos Humanos, portanto o cárcere é local de institucionalização, retribuição e reificação do ser, em nome da propalada paz e harmonia social reafirmada pelo Direito positivado.

O *homo carcerem* perde sua dimensão espiritual, perde exatamente sua capacidade de humano, pois apresenta-se na lógica da reprodução e produção material da vida social como mercadoria,[10] sua pseudoliberdade sucumbe ao mundo da barbárie.

O fato é que ao fim e ao cabo, o sistema prisional participa da lógica de exploração analisada por Marx (2008) através de supostos de controle, especificamente da franja social mais vulnerabilizada, e a proposta de endurecimento penal, mais ainda, determina a violência em detrimento da prolatada paz, que vive apenas no discurso ideológico do *establishment.*

Todavia, ocorre em algumas análises a verificação de que os valores devam ser questionados. Nietzsche (1992, 1999, 2002), em seu desenvolvimento analítico, sopesa a realidade violenta que ancora na história da humanidade; os nossos carnavais são prelúdios das festas dionisíacas em que se elegia um condenado a ser tratado como rei e no crepúsculo do dia seu sacrifício selava a festa, não obstante termos a paixão do cordeiro que determina a lembrança da violência contra um ser humano, desse modo, parece-nos razoável a percepção de que a violência é realidade social e afirmação do existir, assim o *homo carcerem,* preocupantemente, irá propor por intermédio de seus partidos criminosos lemas de liberdade, igualdade etc.

Um tensionamento óbvio dos valores sociais, todavia sem a moral dos escravos, mas também desprovida de uma compreensão substantiva da realidade societária, trata-se mais de um movimento concreto que poderá vir a ser aparelhado por algum juízo intelectualizado a fim de desenvolver um caminho ideológico, com grandes chances de ativar cenários ainda mais cruentos de violência e barbárie, esse o grande perigo da existência do cárcere no atual modelo brasileiro.

Ocorre que toda essa faceta é legalmente legitimada nos supostos democráticos e de cidadania de uma sociedade "democrática de direito", muito embora por vezes sem o amparo do texto legal. O Direito, em tese,

---

10. Para melhor compreensão, vide a categoria da reificação em *O capital,* de Karl Marx.

tenta sublimar a violência e a crueza do ser humano quando estabelece nexos de segregação de pessoas na enxovia, todavia se perceba que não se tenha ocorrido o devido alcance dessa proposta, uma vez que está evidente que os muros não isolaram o *homo carcerem*. É com tal compreensão que ao assistente social cabe considerável desafio de materializar, no universo do Direito positivado e da barbárie, os elementos sociais do humano, eis a tarefa e a legitimidade social dessa profissão.

Capítulo 2

O trabalho do assistente social e a Lei de Execução Penal (LEP)

A prisão nos moldes intentados pela lei pode ser entendida pela sua suposta tripla finalidade: recuperar a pessoa presa, punir o transgressor e prevenir novos delitos (Zaffaroni, 1991), sendo, portanto, esperado que além da retribuição penal, a prisão agregue elementos reabilitadores, de maneira a intervir no processo (re)educativo, pautando-se pela mudança na forma de pensar e de se comportar dos indivíduos que adentram tal equipamento social, a fim de que a pessoa volte a se "encaixar" nos padrões aceitos pela sociabilidade extramuros.

Deixando de lado sua face real, é consensual que a dita ressocialização se efetive a partir de pressupostos humanizadores que entendam o indivíduo dentro de suas particularidades e criem meios que coincidam com as necessidades de cada sujeito em cumprimento de pena, sendo, pois, sua efetivação calcada a partir de garantias legais que, somadas, possam ser entendidas como uma política de ressocialização, que possui em sua essência a transformação moral do indivíduo.

A afirmação da ressocialização, legalmente, ocorre pelo cumprimento de um rol de prerrogativas realizadas por diversos profissionais, psicólogos, assistentes sociais, educadores, entre outros, por meio da efetivação dos supostos estabelecidos na LEP, que, juntos, formam um compêndio de ações entendidas pelo Estado como necessárias à promoção da reintegração social e quase sempre nominadas de assistências.

Nesse processo, designado pela LEP de reintegração social, insere-se o Serviço Social. A referida lei estabelece um conjunto de ações pontuais que são atribuições do profissional de Serviço Social, cabendo a ele sua execução.

Ressaltamos que a LEP é a Lei n. 7.210, de 1984, portanto promulgada antes da Constituição Federal de 1988. O texto constitucional de 1988 em certo nível estabelece os fundamentos da relação entre Estado e sociedade e constitui legalmente os aspectos que atualmente definem o conceito de cidadão no Brasil, em face do usufruto de seus direitos civis, políticos e sociais.

No entanto, ao analisar a Lei de Execução Penal, verificamos que, devido à sua promulgação, a perspectiva de representação política e a participação social preconizada constitucionalmente não possuem na LEP a centralidade necessária que respalde os princípios de participação da sociedade civil, já consolidados em outras esferas de realização das políticas públicas, o que pode ocasionar dificuldades no trabalho prisional quanto à efetivação do que se entende por dignidade da pessoa humana, uma vez que a pessoa presa se encontra privada de alguns direitos, mas não todos, e esses que se mantêm estão no rol das garantias individuais do cidadão.

Novamente assinalamos que não estamos a cunhar junto à população carcerária o conceito de "coitadinhos", ou como o chavão do malicioso senso comum que conclama a certos posicionamentos em favor da legalidade como sendo aquele afeto à lógica do "babá de preso", ao contrário, afirmamos a defesa da lei e seu cumprimento, considerando de maneira inteligente ações intramuros que mitiguem a probabilidade de articulação e desenvolvimento da barbárie e da violência, eventos que intramuros alimentam a formação de partidos criminosos como PCC, CV, FDN, Thundercats etc.

Feita essa observação, ater-nos-emos aos dispostos acerca do trabalho do assistente social definido pela LEP. De acordo com o artigo 6º, o assistente social é parte integrante da Comissão Técnica de Classificação

(CTC), juntamente com outros profissionais, e deve desenvolver trabalho individualizado ou multidisciplinar de tratamento penal, cujas atribuições específicas estão contidas na seção VI que versa sobre a assistência social:

> Art. 22. A assistência social tem por finalidade amparar o preso e o internado e prepará-los para o retorno à liberdade.
>
> Art. 23. Incumbe ao serviço de assistência social:
>
> I — Conhecer os resultados dos diagnósticos e exames;
>
> II — Relatar, por escrito, ao diretor do estabelecimento, os problemas e as dificuldades enfrentados pelo assistido;
>
> III — Acompanhar o resultado das permissões de saídas e das saídas temporárias;
>
> IV — Promover, no estabelecimento, pelos meios disponíveis, a recreação;
>
> V — Promover a orientação do assistido, na fase final do cumprimento da pena, e do liberando, de modo a facilitar o seu retorno à liberdade;
>
> VI — Providenciar a obtenção de documentos, dos benefícios da previdência social e do seguro por acidente no trabalho;
>
> VII — Orientar e amparar, quando necessário, a família do preso, do internado e da vítima (Brasil, 2008, p. 24).

A CTC possui a incumbência de realizar a triagem inicial do detento quando adentra o sistema prisional e tem o compromisso de desenvolver o denominado programa de individualização da pena, de forma a designar o tratamento penal adequado e específico para cada apenado. Para tanto, a equipe é composta, obrigatoriamente, de, no mínimo, profissionais assistentes sociais, psicólogos e psiquiatras. Embora não previsto na legislação, é possível encontrar também como integrantes dessa comissão pedagogos, terapeutas ocupacionais, educadores físicos e profissionais do setor de segurança (ESPEN/PR, 2011).

Não há nenhuma atribuição específica para o Serviço Social, no entanto, voltando ao tempo de edição da LEP, a assistência social — por mais que na época já era caracterizada como uma política — ainda era vista quase como "sinônimo" de Serviço Social. Dessa forma, no entendimento do DEPEN, as atribuições contidas na seção de assistência social são aquelas de competência do assistente social. Feita essa advertência, é pertinente salientar que esse destaque do texto legal não se alinha em plenitude do que no Serviço Social se conhece como Política de Assistência Social, nem às ações elencadas como competência desse profissional. São ações dentro de um texto legal que visam dar certo nível de apoio à pessoa presa e, nesse sentido, possuem um caráter difuso em relação à competência profissional.

Quanto à atuação profissional, é salutar destacar que a racionalidade técnica e instrumental posta a serviço da justiça não possui posicionamento neutro. A justiça, como já afirmamos, ainda não atingiu a plena neutralidade, nem sabemos se tal intento é possível de existir, seu agir em geral se coaduna com os cenários políticos postos na sociabilidade, além do que seus pressupostos positivados nascem literalmente na seara política, assim, nesta arena, muitos critérios interferem na proposição das penas, um categórico se estabelece dentro da conjuntura de luta de classes, qual seja, o egoísmo.

No entanto, verificamos que na deontologia profissional do assistente social o alinhamento profissional recomendado em tal instrumento segue um caminho oposto à lógica solicitada. Dentre várias questões preconizadas pela sua deontologia, destacamos de modo paradoxal o afirmado no Princípio I do Código de Ética que diz: "Reconhecimento da liberdade como valor ético central e das demandas políticas a ela inerentes — autonomia, emancipação e plena expansão dos indivíduos sociais" (CFESS, 2012, p. 23).

Todavia, carece ainda de saliência que no art. 27, da LEP, este discorre que: "O serviço de assistência social colaborará com o egresso para a obtenção de trabalho" (Brasil, 2008, p. 25). Eis aqui a afirmação cabal da lógica de integração via consumo e exploração, uma vez que seu retorno para a sociedade carece de ser pela via do trabalho explorado.

De acordo com a deontologia profissional dos assistentes sociais vigente, o trabalho profissional deve preconizar a defesa intransigente dos Direitos Humanos, na ampliação e consolidação da cidadania, aprofundamento da democracia, busca pela igualdade, justiça, emancipação etc., considerando a liberdade como valor ético central.

Essa verificação tem importância devido ao estigma que recebem os profissionais que atuam nas ações denominadas de reintegração. De modo geral, são vistos pela equipe de segurança como pessoas solícitas aos presos, que são, naquela compreensão, merecedores de toda a punição possível, inclusive com mudanças na lei para tal intento. Considerando essa realidade, parece-nos necessário pesquisar essa proposta criminosa dos denominados comandos prisionais, que se estabelecem com discurso de paz e liberdade, tão importante, pois, sabe-se há muito, que no cotidiano carcerário o Estado não pode dispensar um franco diálogo com a população carcerária, a fim de manter certa organização intramuros.

Nesse sentido, Torres (1998, p. 236) afirma que há um "confronto teórico-prático entre: as atribuições determinadas aos assistentes sociais pela Lei de Execução Penal e as políticas de administração carcerária dos estados, e os princípios e diretrizes normatizados pelo vigente Código de Ética Profissional".

Nesse nexo, o profissional está inserido em um complexo cenário de disputa de poder e em um genuíno equipamento de controle social a favor do *establishment*, o que faz necessário e fundamental o processo de construção de estratégias na ação do Serviço Social. Conforme preceitua Faleiros (1999, p. 76), "as estratégias são processos de articulação e mediação de poderes e mudança de relações de interesses [...] pela efetivação de direitos e de novas relações", de maneira a investir em projetos individuais ou de grupos, com vista "à re-produção e à re-apresentação dos sujeitos históricos de forma a atender às necessidades de sobrevivência nas relações sociais" (idem).

Um dos pressupostos para a reintegração social é a afirmação da cidadania em termos de uma sociedade que busca a efetivação da democracia, inclusive como se constata nos princípios do Código de Ética dos assistentes sociais de 1993: "ampliação e consolidação da cidadania, considerada tarefa primordial de toda a sociedade, com vistas às garantias dos direitos civis, sociais e políticos das classes trabalhadoras" (CFESS, 2012, p. 21).

Nessa relação entre a LEP e a deontologia profissional do assistente social, Torres (2009, p. 8-9) afirma que os fundamentos da LEP

[...] já não correspondem aos avanços da profissão no país, atribuindo-lhe uma identidade conservadora para a intervenção nesta instituição, distante dos novos parâmetros éticos e políticos do Serviço Social brasileiro [...]. Aos assistentes sociais neste campo de intervenção, cabe ocupá-lo com responsabilidade ética e política, colaborando com as transformações necessárias, que, para tanto, necessita negar a base tradicional e conservadora, afirmando um novo perfil profissional.

Sendo necessárias ao profissional estratégias de atuação que visem à busca pela defesa dos Direitos Humanos e à dignidade da pessoa presa, não somente a partir das limitações impostas pela LEP, mas superando também essa questão e expandindo os limites de atuação por meio de sua autonomia profissional, remetendo sempre à questão ética da profissão. Nesse sentido, "a defesa dos Direitos Humanos no campo profissional remete à questão ética, pois esta é parte integrante do sujeito social, sendo também componente de sua atividade profissional" (Torres, 2009, p. 11).

Portanto, a deontologia profissional possui ampla dimensão que ultrapassa qualquer condição minimalista e normalizadora, sendo um instrumento de defesa e orientação para os profissionais, os quais devem basear suas ações interventivas nos processos inerentes às demandas sociais.

Ao relevar os princípios e as contradições existentes entre a LEP e a deontologia profissional, fica evidente que a LEP possui algumas divergências com a atual legislação da profissão, pois sendo assim, "tentam impor uma ação profissional que estabelece um conflito axiológico, pois uma dada ética pressupõe a afirmação da ordem e sua ampliação pela lógica liberal; outra se determina pela liberdade nos moldes da emancipação humana" (Silva, 2014, p. 84).

No ambiente prisional se confirma um campo de atuação repleto de dilemas para o profissional; se, por um lado, há a necessidade de afirmação dos princípios deontológicos da profissão, por outro temos uma realidade que de maneira alguma está preparada para que os princípios mais básicos da dignidade humana se efetivem. Segundo Thompson (1991, p. 56), "o trabalho dos técnicos-terapeutas (pessoal do tratamento: psiquiatras, psicólogos, assistentes sociais, professores) não garante que o tratamento penitenciário seja capaz de transformar criminosos em não criminosos".

Nessa direção, Torres (2009) desenvolve todo um construto crítico no sentido de afirmar que o sistema prisional é fruto de um Estado Penal que se assevera por meio das políticas de aprisionamento, cuja função social não está em reeducar os presidiários, mas em manter um controle sobre eles, reafirmando que a instituição penal possui como uma de suas finalidades o controle da miséria, em que a afirmação do Estado Penal se dá em detrimento de um Estado Social garantidor de direitos e de políticas públicas.

Wacquant (2001a, p. 80) confirma que "a atrofia deliberada do Estado Social corresponde à hipertrofia distópica do Estado Penal: a miséria e a extinção de um tem como contrapartida direta e necessária a grandeza e a prosperidade insolente do outro". Portanto, é incompatível a existência de um Estado que garanta condições de cidadania para a pessoa presa, mediante a existência da "cultura da prisonização".[1]

Além do mais, a proposta de reintegração, como definida na LEP, encontra na realidade seu óbice, pois a elaboração das normativas legais que versam sobre o cárcere ocorre em uma esfera de completo desconhecimento de gestão e de apropriação das determinações inerentes à realidade prisional, sendo elaboradas de forma a-histórica, ocasionando "quase sempre um desastre no campo prático, pois a própria legislação penal sequer se estabelece no convívio carcerário" (Silva, 2014, p. 17).

Nessa direção, Silva (2014, p. 123) afirma que, no Brasil,

> [...] a questão carcerária apresenta um nível de complexidade maior, sobretudo pelo fato de que aqui a Lei nem mesmo chegou a garantir a equivalência jurídica e formal que a noção de cidadania prescreve; ao contrário, a defesa escancarada de privilégios, que atravessa a vida social de ponta a ponta, nega qualquer possibilidade de efetivação de direitos prometida pela Lei.

---

1. Termo cunhado por Torres (2009).

Percebe-se a condição incipiente das leis que regem o cárcere quando o assunto é oferta de variáveis estruturantes para garantir as circunstâncias necessárias para objetivação do ser no ambiente carcerário, portanto é possível aferir a existência de abundante abismo entre a pena e seu encargo humanitário, consistindo na prevalência da retribuição, que em nada contribui para a efetivação de qualquer garantia de vida digna para a população carcerária, sendo pautado apenas o caráter punitivista da pena, gestado a partir da sensação de necessidade de vingança e, em prevalecendo essa lógica, agigantamos o braço operacional dos partidos criminosos.

Na proposta de reintegração/ressocialização, "resta evidente que a extensão dos efeitos ainda mais justifica ao Estado Penal a revitalização da ordem societária presente, pois que a punição se estabelece na seara da classe que deve permanecer como subalternizada" (Silva, 2014, p. 64), o que caracteriza a proposta ressocializadora como uma forma mascarada de controle, por meio da dominância de práticas repressivas, sobretudo do autoritarismo policial, legitimando a proposta axiológica do egoísmo, fundamentada no controle de classes.

Conforme referenciado, verificamos que algumas atribuições possuem caráter técnico e disforme à axiologia profissional, por exemplo, o caráter linear presente nas ações elencadas na lei, que coloca o assistente social frente a ações estáticas dentro de uma realidade dinâmica, podendo inclusive ser considerada uma ferramenta que aprisiona e limita a ação profissional, mas também é possível elencar atribuições que, desenvolvidas de maneira qualificada, podem se estabelecer em importantes ferramentas para a efetivação do direito e da "cidadania da população carcerária", por exemplo, o restabelecimento de vínculos familiares e a inserção em programas sociais.

Apesar de a LEP elencar ações a serem realizadas no sentido de promover uma suposta reintegração social daqueles que se encontram entre os muros da enxovia, a instituição penal, como reflexo de um modelo de sociedade excludente, é lugar desfavorável e incompatível com esse suposto, sendo, portanto, a tripla finalidade da prisão um pressuposto romântico na análise do cárcere ou uma forma de discurso para legitimar sua existência.

Na realidade, conforme afirma Goffman (1988), a prisão cria na vida do sujeito estigmas sociais irreversíveis, que a pessoa leva para o resto da vida. Trabalhando a prisão no sentido de mitigação da humanização da pessoa presa, veremos que:

> Ao sair do cárcere, após o cumprimento de uma pena mais ou menos longa, o sentenciado nada mais tem em comum com o mundo que o segregou: seus valores não são idênticos, como diversas são suas aspirações, os seus interesses e seus objetivos. A volta à prisão funciona como retorno ao lar, e assim se perpetua o entra e sai da cadeia (Pimentel apud Siqueira, 2001, p. 66).

No ambiente prisional, notadamente, desenvolve-se outra base axiológica que difere dos valores da sociabilidade extramuros e coloca os apenados frente a uma realidade que dificilmente será esquecida, mesmo após sair da prisão. A marca de que fora um presidiário permanecerá presente em sua vida. O ambiente de barbárie do cárcere e de violação dos direitos mais elementares forma uma nova subjetividade marcada pela perda de sua autoimagem. A identidade de humano, com tudo o que essa carga semântica determinada historicamente na consciência do ser representa na prisão, fica fortemente comprometida.

Dessa forma, o produto do cárcere, o *homo carcerem,* é uma forma de objetivação do humano com tendência a não mais conseguir se adequar à vida fora das celas, ou de construção de relações que não sejam mediadas pela violência; ela, a violência, passa a ser a pedra de toque do existir, o novo "Direito".

As dificuldades em viver na sociedade extramuros se relacionam diretamente com a realidade experienciada no ambiente prisional; isso, somado à visão estereotipada e preconceituosa que toda a sociedade denota para com a população carcerária, impõe a esse indivíduo seu existir criminalmente, e esse vetor ocorrerá pela criminalidade violenta, pela efetivação da barbárie.

Novamente chamo a atenção da sociedade brasileira para o perigo que se corre com o atual formato dos sistemas prisionais. Estamos com uma verdadeira incubadora do crime e de um exército que se objetiva através de uma espécie de "moral do nobre" tortuosa, todavia interessante a oportunistas que poderão ajuntar elementos agregadores a uma causa — veja-se que os estatutos dos partidos criminosos possuem lemas comuns — e determinar tempos sombrios ao Brasil com a disseminação de mais violência e barbárie. A solução para isso não será a implementação de mais violência pelo Estado; desmontar esse cenário é muito mais complexo que tal proposta simplista, pois, para problemas complexos, as soluções serão complexas e, dessa forma, a solução para o cárcere no Brasil se inicia fora dos muros das prisões.

Entre os muros da enxovia é possível presenciar um ambiente carregado de perversidade e, sobre essa realidade, Torres (2009) evidencia que a obrigação ética do assistente social é assumir seu compromisso com a garantia dos Direitos Humanos, pois o profissional se encontra inserido em um terreno onde o encarceramento é o principal responsável pela violação dos Direitos Humanos, porquanto a prisão em sua prática institucionalizadora é na sua raiz o defloramento de direitos básicos a todos os seres humanos.

Como exemplo, remetemos ao que pode ser chamado de política de "afastamento de vínculos e convívio familiar", em que os presos cumprem pena em unidades prisionais distantes da família, não sendo ofertada a esta condições para a manutenção do convívio familiar. Todavia, vejamos que em alguns estados o PCC contrata ônibus e oferta aos familiares dos presos o traslado em dia de visita, por menos da metade do preço que fariam através do transporte público regular.

Nesse aspecto, é interessante perceber que mesmo com os diplomas legais cobrando a participação da sociedade,[2] historicamente é perceptível o nexo de construção de unidades prisionais distantes de centros urbanos e mesmo da população, como fundamento para dificultar possíveis fugas, como unidades prisionais localizadas em ilhas, em desertos, enfim, nas diversas paisagens que distam da população. Todavia, não é menos interessante

---

2. Art. 4° O Estado deverá recorrer à cooperação da comunidade nas atividades de execução da pena e da medida de segurança (BRASIL, 2008, p. 20)

perceber que alguns desses locais foram povoados a partir da unidade prisional, hodiernamente várias unidades prisionais se encontram envoltas de construções domiciliares, e que faz o juízo dos especialistas em segurança pública alardear a falta de segurança dessas unidades, vide o exemplo do Presídio Aníbal Bruno — que fora reformado em um complexo —, na cidade do Recife, em Pernambuco.

Esse afastamento familiar/social expande a pena, não ficando somente restrita ao autor. Nesse contexto, a pena ultrapassa os muros da prisão, estendendo-se até a família e a sociedade, diria, um genuíno paradoxo entre a materialização da execução penal e os diplomas legais, mas não se restringe somente à falta de convívio familiar. Outro fato verificado diz respeito às denominadas imposições, como a imposição feita para a visita em passar por revistas vexatórias, sendo uma expressão da criminalização das pessoas que se relacionam com o indivíduo aprisionado, uma vez que o visitante já é, *a priori*, considerado suspeito.

Evidentemente que o ambiente prisional, pela natureza que determina sua existência, requer uma metodologia de segurança. Nesse sentido, não devemos incorrer em romantismo, porém, com toda a tecnologia hoje existente, é possível se aplicar tal metodologia sem a violação do corpo e mesmo da intimidade dos visitantes. O fato de nada disso ocorrer talvez se explique através da concepção de que o preso deve sofrer e "arcar com todas as consequências de sua conduta delinquencial, inclusive com aquelas que lhe conferem a conta de eventuais falhas e lacunas da estrutura penitenciária", conforme preceitua Kuehne (1999, p. 82).

No entanto, não é exatamente ao preso que se está retribuindo, e sim aos seus familiares, o que expõe o nexo de punição dessa franja social subalternizada, uma vez que conduzir uma pessoa, em geral do sexo feminino, por uma lógica de tirocínio policial, alicerçada em forte veio estereotipado e despi-la, colocar um espelho no chão fazendo com que ela se agache com as pernas lateralizadas e, ainda, realizar um toque vaginal são flagrantes desrespeitos aos direitos individuais de não violação do corpo, além, nesse caso, da ação de agente público com evidente incompetência funcional.

Diante da realidade desafiadora do cárcere, a prática profissional do assistente social se encontra, em dada medida, inserida em um contexto de reprodução de barbárie, notadamente norteada pelas bases axiológicas presentes na sociabilidade e por práticas de gestão que se encontram calcadas em estruturas administrativas militares ou com nexos militares. Desaloja-se, dessa forma, a proposta de humanização e denota-se uma proposta estrutural de controle, fato que reivindica uma capacidade significativa desse profissional em saber-se inserido em tal contexto e, nele, ser capaz de produzir negatividades a essa lógica, o que sabemos se tratar de tarefa hercúlea.

A prisão é um lugar onde se perpetuam o trabalho mais que explorado, a falta de políticas de saúde, educação, seguridade social, elevados índices de violência etc., portanto, nessa realidade, a atuação profissional do Serviço Social, à luz de sua deontologia vigente, deve desenvolver uma práxis interventiva profissional que interpele pensar em novas formas de efetivação do trabalho, lutar contra as barreiras próprias da enxovia para a recuperação da pessoa presa e utilizar seus instrumentais técnicos e opinativos como ferramentas que busquem, de alguma forma, a garantia de direitos para os homens e as mulheres no cárcere.

Cabe, portanto, ao Serviço Social, mediante o ainda incipiente arcabouço teórico e as prerrogativas legais, larga reflexão acerca de seu fazer profissional na prisão, sendo de ampla relevância reflexões que busquem entender as conexões que interligam toda a estrutura prisional e que se relacionam diretamente com os trabalhos prisionais, tendo "como norte a radicalização do conhecimento através de uma austera postura de razão substantiva" (Silva, 2014, p. 7).

Tais reflexões são necessárias para que não haja, por parte do assistente social, a ratificação da nefasta realidade que se impõe ao ambiente prisional, considerando que tal espaço confere ao profissional clareza quanto ao direcionamento político da profissão, evitando avaliação equivocada dos princípios que norteiam o projeto político-profissional, sendo por vezes necessário, até mesmo, um redimensionamento da prática profissional.

Outro fator notadamente existente no cárcere e que deve se constituir em espaço de intervenção do profissional comprometido com o usuário é o definhamento dos parcos direitos existentes, pois a estrutura carcerária não se encontra preparada para a garantia dos mínimos direitos sociais, por exemplo, o direito à educação, já que a maioria da população carcerária não tem acesso aos programas educacionais extramuros, condicionando o preso à manutenção da falta de instrução, o que certamente, quando egresso, o levará a circunstâncias de vulnerabilidades econômica e social.

Vejamos os dados sobre a relação tempo de educação e remuneração, segundo a PNADC/IBGE (2018 – Média Brasil): a) sem instrução e menos de um ano de estudo: R$ 891,00; b) ensino fundamental incompleto ou equivalente: R$ 1.209,00; c) ensino fundamental completo ou equivalente: R$ 1.415,00; d) ensino médio incompleto ou equivalente: R$ 1.308,00; e) ensino médio completo ou equivalente: R$ 1.720,00; f) ensino superior incompleto ou equivalente: R$ 2.118,00; g) ensino superior completo ou equivalente: R$ 4.970,00.

A sociedade, nos moldes da atual conjuntura axiológica, na melhor das hipóteses, logra um caminho que conduza à dada emancipação política de uma sociedade com prisões, estando, pois, o assistente social em seu compromisso ético- político orientando sua atuação em direção a uma sociedade com princípios da emancipação humana e sem prisões.

O caráter contraditório da prática profissional, ante as intervenções na realidade social, encontra no sistema prisional um espaço ocupacional onde os usuários do serviço são também, mas não só, resultados das relações mercadológicas da sociedade, fundamentadas pela judicialização da "questão social", portanto há emblemática interferência do Estado Penal nas relações sociais e cabe ao assistente social "autoridade"[3] e a necessária cientificidade requerida pelo exercício profissional (Silva, 2014).

---

3. O termo reporta-se à necessidade de o assistente social assumir seu espaço profissional na instituição de forma inequívoca.

Diante da compreensão posta, verifica-se que a atuação do assistente social, em seu conjunto de atividades desempenhadas no sistema prisional, encontra-se interposta às condições do cárcere, que ultrapassam as questões internas da profissão, conformando-se nos condicionantes externos que não dependem somente do profissional, pois conforme afirmara Iamamoto (2009, p. 94), os fatores externos compreendem "as relações de poder institucional, os recursos colocados à disposição para o trabalho pela instituição empregadora, a realidade social da população usuária dos serviços prestados etc.".

Com o caminho até aqui trilhado, vemos que é possível desenvolver algumas ações no sentido de garantir alguma condição de dignidade à pessoa presa, mas não há como afirmar a efetividade dessas ações, pois a realidade intramuros, bem como da sociabilidade vigente, caminha no sentido oposto ao da emancipação humana. Sem querermos ponderar no campo estrito de uma postura cética, porém, considerando os termos da realidade, podemos sopesar que as ações possíveis de serem desenvolvidas pelo profissional de Serviço Social, no sistema prisional e nos moldes atuais, são um conjunto de ações dentro do escopo da redução de danos que lutam pela preservação da integridade orgânica da população carcerária, um limite inequívoco à atuação profissional e que se constitui ao mesmo tempo em imperioso desafio.

As determinações da realidade impõem ao profissional de Serviço Social gigantesco repto. Se, por um lado, na efetivação da atual lógica de encarceramento e do cotidiano intramuros, não podemos afirmar a possibilidade de efetivar a dignidade inerente ao humano, por outro, vemos a existência de um rico espaço de atuação a fim de mitigar no modelo societário atual — que amplifica a existência da pessoa como criminosa — a lógica de coisificação do ser, estando, pois, o profissional de Serviço Social inserido na condição nevrálgica de um cenário cruento de reificação das relações humanas.

Com o juízo até o presente elaborado, sopesamos que é preciso ultrapassar os conceitos superficiais sobre o cárcere, é necessário derrubar a faceta que cobre a verdadeira função da prisão e compreender fundamentos que forjam sua existência, ou seja, como diria um pensador do século XIX, refletir a golpes de marteladas, e se a vida é essa assombrosa *finesse* que não se pode avaliar, genealogicamente não se tem dúvida de que o cárcere no Brasil contribui de forma significativa para a não exuberância da vida, antes, sim, alarga a degenerescência dela.

Dessa feita, não cabe ao profissional de Serviço Social apenas a reprodução de ações técnicas e pontuais, que por vezes podem imprimir traços disciplinadores e preconceituosos, uma vez que a visão que perpetua acerca desse universo é a mais descontextualizada possível do meio social, e com ranços moralizantes e repletos de nexo ideológico forjado na axiologia presente. O cárcere, portanto, é um curioso espaço de lutas, e seguramente nos termos de Silva (2014), laboratório singular de objetivação humana com referência elevada na axiologia da forma de existir em sociedade.

Em tal construto, ao profissional que atua nesse ambiente se cobra não só a devida prudência em conhecer as silhuetas das relações intramuros, mas, sobretudo, estabelecer alianças a fim de possibilitar sua atividade profissional. O cárcere, como dizemos sempre nos cursos de formação de agentes penitenciários e analistas, não é laboratório para amadores, carece de arguta metodologia de trabalho, ainda porque, mais que nunca nesse espaço, a lógica da disputa, da eliminação do outro, do compadrio e definitivamente de relações mercadológicas é mesmo algo medonho.

Capítulo 3

Relações contratuais e condições de trabalho

aja vista a realidade prisional, propõe-se adiante a realização de uma análise sobre a atuação do assistente social e das condições de trabalho no sistema prisional, tendo como ponto de partida os parâmetros da pesquisa Pensando o Direito: diagnóstico dos serviços prisionais no Brasil (2015). Dessa forma, os elementos trazidos na referida pesquisa representam a vivência e as percepções de cada profissional entrevistado sobre sua realidade de trabalho. Porém, a realidade prisional, apesar de sua dinamicidade, apresenta características gerais, a partir das quais e por meio de aportes teóricos, realizaremos nossas discussões sobre o sistema prisional, por meio de uma apreensão crítica e abrangente sobre a realidade profissional dos assistentes sociais nas prisões, em especial do setentrião brasileiro.[1]

Em tempos presentes, as prisões do norte enfrentam toda a problemática existente no parque penitenciário nacional, não obstante há episódios de

---

1. As informações que traremos são compreendidas como suficientes ao debate que se propõe, possuindo como lastro a pesquisa elencada e considerando a perspectiva do devido sigilo.

rebeliões, revoltas, mortes etc., acontecimentos como o ocorrido em 2017, com grande repercussão midiática, no Complexo Penitenciário Anísio Jobim no estado do Amazonas, que resultou na morte de 56 detentos.[2]

Essa realidade desnuda um emblemático cenário de precariedade, evento presente de forma acintosa nos sistemas prisionais de todo o Brasil, o que conforma um ambiente carente de todas as políticas públicas e da efetivação dos mais simples princípios dos Direitos Humanos; como já evidenciado, essa é a realidade formada a partir da existência de uma instituição voltada ao controle. Mas os fatos também apontam para a existência de deficiências administrativas, que muitas vezes levam a episódios de barbárie extrema.

Em tempos de neoliberalismo, o mundo do trabalho passa por constantes transformações, que visam a uma adequação das relações sociais às demandas produtivas imanentes do modo de produção vigente. Cada estágio evolutivo das forças de produção reivindica novas formas de tratamento das relações de trabalho, a exemplo de modelos como o fordista e o toyotista que desenvolveram certas tecnologias de trabalho, dada a necessidade da crescente taxa de acumulação.

O fordismo se baseou no que Taylor (1990) denominou de *organização científica do trabalho*, "cujos elementos constitutivos básicos eram dados pela produção em massa, através da linha de montagem e de produtos mais homogêneos; através do controle do tempo [...]; pela existência de trabalho parcelar; pela separação entre elaboração e execução [...]" (Antunes, 1997, p. 17). Contudo, esse modelo, ante o desencadeamento de acentuada crise na década de 1970, enfrentara seu esgotamento.

É importante observar que o contexto de crise hodiernamente é condição constituinte desse modo de sociedade, e não se trata de especificidade de um dado momento da história. "A crise para o capital não pode ser considerada uma forma anormal de desenvolvimento, mas é a própria forma de desenvolvimento de seu sistema sociometabólico" (Alves, 2004, p. 40).

---

2. Disponível em: <http://g1.globo.com/am/amazonas/noticia/2017/01/rebeliao-no-compaj--chega-ao-fim-com-mais-de-50-mortes-diz-ssp-am.html>. Acesso em: 7 jun. 2018.

O problema é que, com a crise, o preço de superá-la é atribuído à população em geral, ficando fora dessa conta as "elites" dos diversos segmentos e poderes.

Obviamente no Brasil, mas não só, a dada corrupção em muito determina uma lógica nefasta para produzir as relações entre Estado e setor privado, no que tange ao mercado e à produção, ou seja, os ditos negócios econômicos. De fato, nos ventos do sul da América, a corrupção, sobremaneira, fez ninhos e impôs um marco de pobreza e um sentido de existir pela lógica de "Gérson", ou seja, a proposta de se levar vantagem em tudo, um desenho em que as bases axiológicas se forjam pela proposta de uma ética consequencialista de base utilitarista e pragmática.

Na reprodução do modo de produção capitalista, as crises gerais se apresentam em forma de colapso generalizado das relações econômicas e envolvem também a sua política de reprodução. A economia capitalista também apresenta constantes instabilidades, traço cotidiano de sua existência, que se caracteriza por crises parciais e ciclos econômicos, pois no sistema capitalista "o desejo individual de lucro colide periodicamente com as necessidades objetivas de uma divisão social do trabalho. As crises parciais e os ciclos econômicos são apenas um método intrínseco ao sistema de reintegrar esse desejo a essa necessidade" (Bottomore, 2001, p. 85).

Com isso, surgem como imperativo do capital reformas a partir de propostas de reestruturação produtiva, com a finalidade de desenvolver novas tecnologias de produção que visem à superação de seus momentos de crises. Frente ao contexto de crise, que pairava na década de 1970, eis que surge a proposta Toyotista, como também emerge a ideologia neoliberal, estratégias que se deram a partir de uma mesma processualidade, a fim de recriar o trabalhador, as relações de trabalho e retomar o desenvolvimento e evidentemente o aumento das taxas de acumulação que, nessa lógica, é o motor do desenvolvimento.

A proposta Toyotista traz como principal premissa a ideia de flexibilização da produção, e não mais a produção em massa como visto no Fordismo. Agora a produção se condiciona à adequação do mercado em relação às demandas existentes, ou seja, buscou-se uma produção realizada por medida. Com a adoção do *just in time*,[3] as empresas agilizaram o processo de produção e passaram a economizar dinheiro e espaço de estocagem, um modelo caracterizado fundamentalmente pela acumulação flexível.

Mediante essa flexibilização, houve a diminuição de empregos no setor primário da economia, pois, agora, o trabalhador que na produção em massa se condicionava a apenas uma função em um trabalho mecânico e repetitivo passa a desempenhar diversas funções no processo de produção. Por outro lado, tem-se o aumento da oferta de emprego no setor de serviços, o que concentrou grande parte dos trabalhadores na distribuição da mercadoria e não propriamente na produção.

Evidentemente que essas mudanças ocorrem e afetam toda a sociabilidade. Um dos impactos que se podem verificar, no âmbito da segurança pública, será o acirramento da desigualdade e, consequentemente, da violência social, gerando mais demandas para o cárcere.

Essa restruturação causou profundas mudanças no mundo do trabalho, ainda mais sob a égide da doutrina econômica neoliberal, que se expandiu mundialmente a partir da década de 1970. Os alicerces do neoliberalismo se encontram, principalmente, na não interferência do Estado na economia, pois segundo Hayek (1990) — um dos ideólogos que sistematizaram o pensamento neoliberal, tendo como fundamento o liberalismo clássico —, um Estado intervencionista ofereceria como consequência a mitigação da liberdade individual dos cidadãos e da vitalidade do mercado, pois, para os neoliberais, a origem da crise estava no papel intervencionista que o Estado desempenhava na gerência do *Welfare State*.

Este foi um dos termos utilizados para designar o Estado de Bem-estar Social vivenciado em vários países da Europa e nos Estados Unidos da América após a Segunda Guerra Mundial e até meados da década de 70 do

---

3. "*Just in time* significa produzir bens e serviços exatamente no momento em que são necessários, não antes para que não formem estoque, e não depois para que seus clientes não tenham que esperar" (SLACK, CHAMBERS e JOHNSTON, 2002, p. 482).

último século, período em que houve forte presença do Estado na regulação da economia e no desenvolvimento de políticas de proteção social. De acordo com Behring e Boschetti (2009, p. 96-7), também

> [...] é importante reconhecer que o termo *Welfare State* origina-se na Inglaterra e é comumente utilizado na literatura anglo-saxônica. Mas há outras designações, que nem sempre se referem ao mesmo fenômeno e não podem ser tratadas como sinônimos de *Welfare State*. É o caso do termo *État-Providence*, que tem origem no Estado Social na França e o designa, enquanto na Alemanha o termo utilizado é *Sozialstaat*, cuja tradução literal é Estado Social.

Essa reação política contra o Estado de Bem-estar Social[4] e a recessão, que, em tempo, assolava o mundo capitalista trouxe drásticos resultados para os trabalhadores, como o enfraquecimento das lutas sindicais, privatizações, parcos gastos sociais, terceirizações, regime de trabalho flexível etc. Nessa esteira, a classe trabalhadora sofreu forte impacto nas relações de trabalho, a "nova velha" face do capital propôs acentuado declínio na organização da classe trabalhadora e o aumento da exploração, agora através de nova forma.

> O mercado de trabalho passou por uma radical restruturação. Diante da forte volatilidade do mercado, do aumento da competição e do estreitamento das margens de lucro, os patrões tiram proveito do enfraquecimento do poder sindical e da grande quantidade de mão de obra excedente (desempregados ou subempregados) para impor regimes e contratos de trabalho mais flexíveis [...]. Mais importante do que isso é a aparente redução do emprego regular em favor do crescente uso do trabalho em tempo parcial, temporário ou subcontratado (Harvey, 1995, p. 143).

O nexo burguês fundamentado no liberalismo de Hayek (1990), que versa um Estado mínimo, determina o atendimento às demandas do mercado,

---

4. Algumas análises tensionam o termo e sugerem seu estudo categorial e independente a cada Estado. Nesse sentido, interessante é a análise de Behring e Boschetti (2009).

e, por meio de sua faceta ideológica, propagar como algo bom e necessário para toda a sociedade. Porém, em seu aspecto mais geral, os efeitos para a classe trabalhadora foram avassaladores. As leis trabalhistas são apenas uma celebração contratual entre sujeitos de direito e trata-se de um instrumento regulador da exploração do trabalhador que se encontra em condição de pauperização, enquanto o setor patronal aumenta seus lucros, e o resultado é o aumento da desigualdade social que se traduz no surgimento de uma parcela de pessoas carentes das políticas sociais.

No entanto, há que se verificar que no tempo presente essas leis, ainda que insuficientes, estão sendo consideradas propulsoras da crise e aventa-se sua extinção, e o mais inaudito, com o próprio apoio dos trabalhadores nacionais.

É interessante perceber que no Brasil o recém-extinto Ministério do Trabalho era criticado pela "elite" nacional como sendo sempre favorável aos trabalhadores, no entanto, sem adentrarmos nessa premissa questionável, até porque fora extinto recentemente, há que se verificar mais profundamente o nexo que liga o conceito de trabalho assalariado, qual seja, à subordinação (Silva Filho, 2016), ainda mais nas propostas que o tempo de hoje adensa para o Brasil. Aqui o que se busca é tratar as consequências reais que dada lógica societária produz e suas consequências para o aumento da violência e a ampliação do cárcere.

No entanto, nessas condições, o Estado Social se tornou uma prerrogativa limitada e as políticas sociais se efetivam como instrumentos paliativos, à medida que há o crescimento de um Estado Penal ante os problemas sociais que se vivificaram com o avanço dessa forma de desenvolvimento econômico e o futuro do Brasil é um celeiro de reformas e novidades, todavia com a velha fórmula de sacrifício para a população e lucros para as "elites".

Esse modelo encontra-se afeito a todos os espaços possíveis de intromissão do mercado, portanto, não se trata de um modelo restrito a setores específicos da economia, mesmo no âmbito do serviço público, essa lógica se faz presente. Não raro, vemos a terceirização de serviços e modelos de cogestão, construção que leva o setor privado aos diversos meandros da administração pública, questão calhada no ideário neoliberal de fortalecimento da iniciativa privada e na diminuição do Estado, por meio da financeirização da economia.

> A grande burguesia monopolista tem absoluta clareza da funcionalidade do pensamento neoliberal e, por isto mesmo, patrocina a sua ofensiva: ela e seus associados compreendem que a proposta do "Estado mínimo" pode viabilizar o que foi bloqueado pelo desenvolvimento da democracia política — o Estado máximo para o capital (Paulo Netto, 1995, p. 81).

Se o neoliberalismo dissemina um Estado mínimo, vemos que, para a sua perpetuação, a participação do Estado é fundamental, qual seja, por meio da desvalorização da coisa pública e ampliação das possibilidades para os investimentos do setor privado e nas respostas de demandas inerentes ao processo de acumulação, ou seja, como já asseverado, um "Estado máximo para o capital" (Paulo Netto, 1995, p. 81).

No Brasil, o projeto neoliberal ganha força a partir da década de 1990, quando a classe política preeminente adere a uma postura de ampla abertura do mercado nacional para a burguesia internacional e, dessa forma, se expandem ligeiramente as diversas características presentes no neoliberalismo e, junto, as suas consequências:

> [...] em terras brasileiras, pôs-se em curso de forma facínora, causando intensificação do desemprego estrutural, que vem marcando a vida da população trabalhadora, redução de salários, precarização das relações de trabalho etc., por intermédio da incisiva intervenção do Estado na regulação da produção material e no direcionamento estatal e privado da força de trabalho. Ao mesmo tempo, o Estado passou a reduzir sua presença na área das políticas sociais, já historicamente insuficientes em nossa sociedade (Marconsin e Forti, 2000, p. 212).

Com essa premissa, houve no Brasil uma reconfiguração histórica nas relações de trabalho, "justificada pela necessidade de adaptação aos novos tempos globais" (Druck, 2011, p. 41). Nesse momento, é dada a precarização do trabalho, condição vista por factuais instabilidades estabelecidas mediante os contratos temporários, flexibilização das legislações trabalhistas, terceirização etc., quesitos que se contrapõem à existência de outras formas de relações de trabalho com estabilidade e segurança contratual para o trabalhador, todavia, por agora, o trabalhador horista já é uma realidade e demais direitos conquistados historicamente, por fundamentos da caneta, se esvaem. Nunca foi tão válida para os ditos "direitos conquistados" a perspectiva de beira da filosofia posta humoristicamente por Ariano Suassuna.[5]

Atualmente, no Brasil, as unidades prisionais apresentam alguns modelos de gestão em que o Estado compartilha a administração dos parques penitenciários. Em geral, são unidades administradas em regime de parceria público-privada (PPP), organizações sem fins lucrativos e cogestão.

O modelo de PPP se dá pela realização de contrato e outorga para a entidade privada realizar construção e gestão integral do estabelecimento, cabendo ao ente público a fiscalização da atividade do parceiro privado. Já no modelo que envolve as organizações sem fins lucrativos, a gestão da unidade prisional se dá de forma compartilhada com essas entidades. O regime de cogestão envolve a administração pública e a iniciativa privada, em que o administrador privado é responsável pela gestão de determinados serviços, dentre os quais os serviços técnicos, como o Serviço Social e a Psicologia, como também segurança interna, alimentação, vestimenta, higiene, lazer, saúde etc., cabendo ao Estado e ao ente privado o gerenciamento e a administração conjunta do estabelecimento (INFOPEN, 2016).

Porém, há predominância em solo brasileiro de instituições penais públicas, no entanto as unidades prisionais geridas somente pelo Estado não estão isentas da participação da iniciativa privada, que, nesse caso, se dá pela existência de serviços terceirizados. A tabela a seguir mostra o quantitativo de unidades prisionais no Brasil e na Região Norte, por modelo de gestão:

---

5. Disponível em: <https://www.youtube.com/watch?v=du5ebLpFvpU>. Acesso em: 1º set. 2018.

Tabela 1. Quantidade de unidades prisionais por modelo de gestão

Modelo de gestão	Quantidade de unidades prisionais	
	Brasil	Região Norte
Pública	1.340	1.174
Organizações sem fins lucrativos	53	2
PPP	7	2
Cogestão	22	6

Fonte: Infopen (2016) – Compilação autoral.

No Brasil, os modelos de gestão que passam pela iniciativa privada e organizações sem fins lucrativos, aparentemente, ganham relevo diante do cenário de ineficiência do sistema prisional público e surgem como alternativa e mesmo como solução aos problemas existentes. Porém, nesse mote, fazem-se presentes outras nuances, pois nesse espaço existe a inserção do mercado e do lucro no contexto de aprisionamento. Nessa direção, calorosos debates se afirmam, no sentido de tensionar ou afirmar a exclusividade do monopólio do Estado em relação à pena de prisão e ao direito de punir.

Ao abordar essa questão no Brasil, Silva (2014, p. 79) afirma:

> O Brasil transfere a responsabilidade do programa de ressocialização a um parceiro privado, mantendo um suposto controle do *jus puniendi*, mas garantido um considerável lucro para então o parceiro privado, em decorrência da prestação de serviços que o Estado se considera incapaz de realizar, apresentando a devida constatação da falência administrativa das gestões estatais, atestadas por elas próprias, no mínimo, é curioso.

É notável a relação entre os modelos de participação da iniciativa privada na gestão prisional e o modelo capitalista de acumulação. A transferência de responsabilidade da administração prisional — no todo ou em partes — encontra-se ligada à perspectiva neoliberal de mercado, em que o Estado deve possuir cada vez menos participação em todos os setores da economia, o que alcança as instituições penalógicas. Trata-se de "um movimento único de libertação do capital de todas as instituições que enquadravam e regulavam suas operações" (Chesnais, 1996, p. 297).

Em relação à presença do mercado nas instituições penais, o encarceramento passa a ser sinônimo de lucro, fator que pode levar à ampliação da criminalidade e da reincidência, pois as empresas privadas terão no "criminoso" sua fonte de lucro, de maneira que o cárcere se forma como instituição rentável. "A avidez capitalista por lucro poderá fazer do crime uma verdadeira indústria" (Cordeiro, 2006, p. 78). Portanto, a expansão do setor privado no sistema prisional poderá causar o adensamento das várias problemáticas existentes. Fato verificado nos Estados Unidos da América após a privatização do seu sistema penitenciário, conforme observado por Wacquant (2001b, p. 16): "depois de ter diminuído em 12% durante a década de 60, a população carcerária americana explodiu, passando de menos de 200 mil detentos em 1970 a cerca de 830 mil em 1991, ou seja, um crescimento nunca visto em uma sociedade democrática".

Uma observação lateral: os dados sobre violência e encarceramento devem ter austera interpretação. Diversas vezes já aventamos essa ponderação, seja por investimentos significativos que resultam "apenas" em um dígito percentual na variação de taxas como homicídio, vejam-se alguns exemplos do programa Pacto pela Vida em Pernambuco, seja por nos anúncios de diminuição de homicídios pelo governo paulista. Nesse segundo caso, por exemplo, deve-se considerar a "administração" das relações sociais nas periferias realizada pelo PCC; ali, o que antes, muitas vezes, era mote da vingança privada, passa a ser mote de julgamentos dos tribunais criminosos, então o homicídio terá um rito e não mais será tão aleatório como dantes, essa realidade deverá ser considerada na variação de homicídios, pois tal contexto aumenta ou diminui tal variável?

Considerando o retorno ao tema e a relação do cárcere com a privatização, registra-se que tal compreensão pôde ser vista nos apontamentos da pesquisa: "eu acho que a privatização ela não é o caminho mais correto, eu acho que ela fica muito distante da necessidade, fica algo muito mercadológico, sem o comprometimento com o ser humano" (Entrevista/Pesquisa pensando o direito: diagnóstico dos serviços prisionais no Brasil, 2015).

Por outro lado, verificam-se argumentos que sugestionam que a inserção de modelos de iniciativa privada pode se conformar como possível alternativa para enfrentar os problemas presentes no sistema prisional do Brasil:

> [...] por um lado sim, é positivo, porque entraria novos profissionais, com novas visões, tentando dá uma mudada. Eu acho que as pessoas estão com a mesma visão durante muito tempo já, parece que empedrou aquilo não, não vai mudar o sistema: "Há o sistema? Isso não muda!" Esse discurso, então seria bom (Entrevista/Pesquisa pensando o direito: diagnóstico dos serviços prisionais no Brasil, 2015).

Essa visão se encontra imbricada ao juízo de que, para a existência de excelência na execução dos serviços prisionais e no funcionamento objetivo do cárcere, deve haver profissionais com uma concepção que oriente dado direcionamento. Então, nesse argumento, a defesa desse modelo de gestão encontra fundamento na necessidade de substituir a visão presente nos serviços técnicos por meio da substituição dos profissionais. Porém, o problema encontrado nessa compreensão possui conotação na não consideração da função social do cárcere na sociedade capitalista e a atribuição do problema penitenciário aos profissionais. Portanto, essa visão remete à simplificação da realidade do cárcere.

Mais ainda, apresenta um problema de conotação formativa na profissão, ou seja, a direção política da profissão conjuga um denominado Projeto Ético-Profissional que deveria, segundo essa reflexão, ser operacionalizado na ação cotidiana dos assistentes sociais, todavia a realidade percebida é que temos assistentes sociais operando com visões diferenciadas, não importa a substituição, se o nexo operativo da profissão possui desvio de seu eixo fundamental. Assim se questiona sobre a efetivação do denominado Projeto Ético-Político do Serviço Social e toda a sua deontologia, o que evidentemente se torna realidade nos dias atuais com um cenário em que diversos profissionais solicitam a revisão do próprio Código de Ética Profissional e uma lógica de atuação que, em nosso entendimento, retoma os fundamentos do positivismo, do funcionalismo, entre outros.

Mediante a argumentação já apresentada, não é possível afirmar que a visão dos profissionais do cárcere possui o poder de subverter a hodierna realidade prisional, pois essa mudança demanda transformações de cunho estrutural dentro do atual arquétipo societário, alterações que perpassam pela necessidade de superação da atual base axiológica que se afirma no "reino das mercadorias". Não se trata de reformas locais, que podem ser propostas individualmente em cada local de trabalho. Os profissionais inseridos nos serviços técnicos prisionais se integram como reprodutores das dinâmicas institucionais e responsáveis pelo funcionamento da instituição nos moldes preexistentes para ela.

Obviamente, não estamos a afirmar que não há a possibilidade de desenvolver tensionamentos dentro da dinâmica institucional, no entanto, os limites postos, tanto na formação como na estrutura institucional, condicionam a predominância da reprodução fundamentalmente da retribuição penal. O espaço de correlação de forças permite possibilidades de busca pela construção de alternativas, no entanto seria quimérico pensar em transformar uma realidade tão complexa em um espaço de atuação tão limitado, ainda mais se a ação do assistente social não estiver cunhada em saliente qualificação profissional com norte emancipatório.

À medida que os assistentes sociais desenvolvem sua práxis profissional, "se inserem em atividades interventivas cuja dinâmica, organização, recursos e objetivos são determinados para além do seu controle" (Paulo Netto, 2011, p. 72). A realidade posta determina um cenário institucional norteado por fatores que conotam a existência de condicionantes externos à vontade e à autonomia do profissional, portanto, não se apresenta de outra forma, senão como uma mônada em relação ao que é de fato o cárcere.

Ademais, os objetivos da iniciativa privada no sistema prisional têm como fundamento primário a expansão do mercado para a obtenção de lucro, e não a mudança estrutural do cárcere, no sentido de promover soluções dos problemas que se encontram engendrados no sistema penal, tampouco as mudanças de concepções de uma pena retributivista para uma punição humanista, o resultado pode ser inverso a isso, com implicações que resultem na precarização das condições de trabalho.

Veja-se que as tão proferidas melhorias com a privatização não lograram êxito na unidade prisional do Complexo Penitenciário Anísio Jobim no estado do Amazonas e no Complexo Penitenciário de Pedrinhas em São Luís do Maranhão, ambos privados e que foram palco de violência e barbárie descomunais.

Nesse sentido, Coyle (2002, p. 21), em seu manual de administração penitenciária, assevera que "em qualquer sociedade democrática, trabalhar em uma prisão é um serviço público. As prisões, a exemplo de escolas e hospitais, são lugares que devem ser administradas pelo poder público com o objetivo de contribuir para o bem comum".[6] O modelo de gestão presente na unidade prisional implicará de forma incisiva os serviços prisionais, pois afeta diversas circunstâncias ligadas ao trabalhador do cárcere, como contratuais, salariais, estruturais, logísticas etc.

No modelo privado, a vantagem que se percebe é que por vezes se respeitam os artigos contratuais no que concerne à lotação. Sem dúvida, um grande gargalo que se incide no cárcere brasileiro é a superlotação. Essa característica inviabiliza sobremaneira a realidade dos serviços prisionais.

As condições de trabalho e salário de um servidor que atua em uma unidade pública como servidor efetivo, certamente, serão diferentes das do servidor terceirizado ou do funcionário das empresas que administram em regime de Cogestão ou PPP. Em matéria de trabalho do assistente social, essa questão ganha ainda mais relevância, haja vista as condições inerentes à execução das atividades de trabalho e à natureza da profissão.

Para o Serviço Social, o sistema penitenciário brasileiro imprime um espaço sócio-ocupacional em que o trabalhador pode tanto estar inserido

---

6. O conceito de bem comum é lastrado pelo pensamento filosófico de maneira difusa. Poderemos ver tal abordagem, por exemplo, em Aristóteles, porém também em Maquiavel, entre outros.

como servidor público ou como trabalhador do setor privado, pois há elevado número de profissionais colocados por meio do regime de terceirização dos serviços. Sob esse regime de contratação, o assistente social é trabalhador das empresas privadas que atuam no âmbito dos serviços prisionais. A tabela a seguir apresenta a quantidade de assistentes sociais na Região Norte, quanto ao seu regime contratual de trabalho:

Tabela 2. Quantidade de assistentes sociais e regimes contratuais de trabalho no sistema prisional do Norte

Estado	Quantidade de assistentes sociais			
	Efetivo	Comissionado	Terceirizado	Contrato temporário
Acre	25	2	0	0
Amazonas	0	6	21	2
Amapá	15	4	0	0
Pará	9	3	0	32
Rondônia	16	1	0	0
Roraima	1	0	0	0
Tocantins	2	1	5	1

Fonte: Infopen (2016) – Compilação autoral.

Essa realidade imprime ao assistente social condições diferenciadas de trabalho dentro das unidades prisionais, haja vista um menor ou maior nível de precarização do trabalho, determinando patamares diferenciados em relação a ameaças à autonomia profissional. A existência de trabalhadores terceirizados e contratados como temporários confere aos profissionais mais instabilidade de trabalho e mais subordinação a interesses externos ou institucionais, pois o assistente social não se encontra alheio às regras impostas a qualquer outro trabalhador, nesse caso, estando sujeito aos interesses privados ou de gestores, uma vez que se encontra em condição de vulnerabilidade contratual, o que pode levar à demissão sumária, caso a presença do profissional seja julgada inconveniente e fora dos parâmetros estabelecidos pelo contratante.

Essa realidade é de tal forma nefasta ao exercício profissional, uma vez que põe em xeque a autonomia profissional, que se configura inclusive no modo de acesso ao usuário; um exemplo típico é o advento do que se denomina "bimbau".[7]

Porém, o assistente social deve reafirmar o combate da "questão social", no entanto esse desafio se torna vultoso, pois as condições materiais de trabalho se conjugam como impasse real para a efetivação dos princípios éticos e políticos da profissão. Nesse sentido, Iamamoto (2008, p. 416) afirma:

> Verifica-se uma tensão entre o projeto profissional, que afirma o assistente social como um ser prático-social dotado de liberdade e teleologia, capaz de realizar projeções e buscar implementá-las na vida social; e a condição de trabalhador assalariado, cujas ações são submetidas ao poder dos empregadores e determinadas por condições extremas aos indivíduos singulares.

As relações que se estabelecem no ambiente de trabalho, para a intervenção no modo de existência social dos partícipes dos processos de reprodução da vida, são repletas de complexidades, contraditoriedades e interesses conflitantes dentro da dualidade capital e trabalho, e a materialização das ações profissionais, bem como da autonomia profissional, tem como óbice as circunstâncias firmadas historicamente e impostas pela lógica de mercado, pois, conforme afirmara Marx (1978, p. 129), "na produção social de sua existência, os homens estabelecem relações determinadas, necessárias, independentes de sua vontade, relações de produção que correspondem a um determinado grau de desenvolvimento das forças produtivas materiais".

---

7. Espécie de bilhete da população carcerária, que se origina no pavilhão e chega ao profissional como demanda espontânea a ser atendida.

Nesse sentido, os atuais condicionantes de trabalho na prisão, bem como a própria instituição carcerária, se encontram determinados pela via das necessidades atuais das forças produtivas. O trabalho na prisão é apenas um reflexo desse processo, em alguns espaços com maior ou menor amplitude em relação à exploração da força de trabalho. Na esfera em que predomina o privado, o mercado tende a consumir o trabalho em condição ampliada de exploração. Nas instituições penais, verificamos que onde há imersão de empresas na busca de lucro, todos os profissionais de Serviço Social se encontram sob regime de terceirização, conforme a tabela a seguir:

Tabela 3. Quantidade de assistentes sociais por regime de contrato de trabalho em cada modelo de gestão prisional na Região Norte

Tipo de gestão prisional	Regime contratual de trabalho			
	Efetivos	Terceirizados	Temporários	Comissionados
Pública	66	4	35	17
Organizações sem Fins Lucrativos	0	0	0	0
PPP	0	6	0	0
Cogestão	0	16	0	0

Fonte: Infopen (2016) – Compilação autoral.

Na Região Norte do Brasil, a maioria dos profissionais de Serviço Social ainda se encontra no regime estatutário, porém há de se apontar que a quantidade de unidades em regime de PPP ou Cogestão é pequena, somando nove unidades. Entretanto, essa nova forma de gestão é recente no Brasil em contexto de prisão, todavia há uma forte tendência de expansão, pois as práticas penais "são determinadas por forças sociais, sobretudo pelas econômicas e consequentemente fiscais" (Rusche; Kirchheimer, 2004, p. 20). Desse modo, a prisão na qualidade de manifestação sócio-histórica do castigo se encontra atualmente inserida no contexto da "penalidade neoliberal".[8]

Portanto, a saída neoliberal sinaliza uma nova área de negócios e expansão da lógica empresarial para o âmago do sistema penal, caminho necessário para o Estado em tempos de extensão da economia capitalista por meio da privatização dos serviços públicos.

Nas unidades prisionais administradas sob o regime de Cogestão e PPP, todos os assistentes sociais se encontram no modelo de trabalho terceirizado. Quanto a isso, Raichelis (2013, p. 625-6) identifica que essa é uma das expressões concretas da precarização e não há um controle estratégico por parte da administração pública, além de se consolidar "como modelo de produção e gestão em que os assistentes sociais e o trabalho social passam a ser contratados por meio de processos licitatórios de que participam escritórios e empresas gerenciadoras", e as condições salariais e de trabalho estão completamente atreladas à indispensabilidade do lucro.

> O que é mais grave nessa dinâmica de terceirização dos serviços públicos é que se trata de um mecanismo que opera a cisão entre serviço e direito, pois o que preside o trabalho não é a lógica pública, obscurecendo-se a responsabilidade do estado perante seus cidadãos, comprimindo ainda mais as possibilidades de inscrever as ações públicas no campo do direito (Raichelis, 2009, p. 384).

A proposta de efetivação de direitos é secundarizada, o que importa é o lucro empresarial, proposta que dificulta a ação dos assistentes sociais, não pelo lucro em si, todavia pela forma como se dará a oferta dos serviços. No entanto, com a superpopulação carcerária é impossível que os serviços prisionais possuam qualidade. De fato, por vezes sequer podem ser ofertados; assim, se porventura em unidade prisional privada se respeita o limite de vagas, os serviços poderão ter uma oferta mais efetiva, fato que nas unidades estaduais não ocorre quando da superlotação carcerária.

---

8. Termo utilizado por Wacquant (2001a) para se referir à pena em tempos neoliberais.

Os rendimentos das empresas que prestam serviços, no âmbito do sistema penal, estão ligados ao pagamento do Estado por esses serviços. Os gastos, por preso, repassados pelo Estado às empresas privadas que gerem o sistema prisional são, em média, duas vezes mais que o valor gasto por detentos nas unidades públicas. Além de gerar mais gasto para o Estado, a iniciativa privada busca meios de diminuir as despesas e aumentar os lucros; aqui reina um perigo para a efetivação de serviços precários.

Nesse sentido, o Brasil caminha pela lógica de ampliação do encarceramento em massa, pois, além de transformar a gestão do *jus puniendi* em algo lucrativo, há por parte dos consórcios de gestão prisional exigências em relação à quantidade de presos, uma vez que as unidades em regime de PPP e Cogestão devem estar sempre ocupadas em sua capacidade. Nesses termos, perder um preso significa perder dinheiro. O que se estabelece é uma relação de compra e venda de mercadorias, em que os presos são meros objetos nas cláusulas de um contrato de mercado.

Porém, é interessante se colocar que aqui não existe o sujeito de direito a realizar uma suposta negociação entre iguais, o preso é tutelado pelo Estado que o negocia, trata-se mesmo de uma nítida coisificação do *homo carcerem*, quiçá isso explique a noção axiológica contida nos estatutos dos partidos criminosos. Veja-se que aqui existe um leque perigoso, que poderá ser utilizado não só para melhor conhecer e combater tais partidos, como também para operacionalizá-los. Não é de momento o alerta que realizamos à sociedade brasileira de que o cárcere brasileiro é um laboratório e incubadora do crime, que poderá manifestar extramuros uma significativa guerra pelo poder que, por ora, "silenciosamente", estende suas ramificações pelos poderes da república e disputa espaços intramuros.

Outro aspecto se deve considerar: evidentemente que tal perspectiva careça de apreensão epistemológica ainda e não seja elemento nodal a este estudo, todavia apontamos sua facticidade. Considerando a experiência empírica dos autores, pode-se sopesar a existência de uma possível seletividade daqueles que adentram o universo do sistema prisional privado, mote para futuras — se possível — apreciações.

Nesse contexto de mercadorização da barbárie, o assistente social encontra impasses profissionais no exercício da sua relativa autonomia, pois as demandas que chegam são mediadas pelas empresas gestoras. Nesse sentido, a instituição contratante possui as condições legais tanto para contratar quanto para demitir o profissional de acordo com seus interesses, e não de acordo com os interesses dos usuários. Se o interesse para essas empresas é o lucro, o assistente social se encontra em um contexto de reprodução do capital na perspectiva de obtenção da mais-valia.

Nesse ínterim, o lucro vem por meio da reprodução da retribuição penal, todavia a prática do assistente social preconizada pela deontologia profissional se encontra no campo da emancipação humana; postas essas condições, restaria ao profissional negar todas as bases fundantes desse modelo de gestão. Porém, tal pressuposto parece inalcançável, dada a realidade material das relações de trabalho, estabelecidas legalmente entre os sujeitos de direitos, os quais formam as partes desse contrato.

As especificidades da profissão exigem do assistente social a garantia do "livre exercício das atividades inerentes à profissão" e a materialização da "ampla autonomia no exercício da profissão, não sendo obrigado a prestar serviços profissionais incompatíveis com as suas atribuições, cargos ou funções" (CFESS, 2012, p. 26). A autonomia profissional exercida no sentido de estabelecer um caminho emancipatório, certamente, ocasionará tensionamentos, e em regime de vínculo contratual de trabalho fragilizado isso se converterá em singular desafio, uma vez que o assistente social está o tempo todo em um complexo universo de correlação de forças, à medida que nessas circunstâncias adquirem ares mais caóticos.

Tal conjuntura pôde ser identificada na pesquisa, conforme dados a seguir:

> [...] nós somos contratados como técnicos, todavia se fôssemos [concursados] ficaríamos mais felizes, mas não é o caso. Eu acho que o governo deveria ter essa visão de concurso para técnicos: assistentes sociais, psicólogos, pedagogos, nós estaríamos amparados juridicamente para trabalharmos, desempenharmos

as funções. Com concurso público a gente se sentiria mais seguros [...] (Entrevista/Pesquisa pensando o direito: diagnóstico dos serviços prisionais no Brasil, 2015).

Nesse intento, há o reconhecimento da necessidade de relações de trabalho com mais estabilidade, para que o profissional possa solidificar as bases de uma prática orientada pela sua deontologia, sem conviver diariamente com os dilemas ligados à possibilidade de demissão e de interferência da gestão em seu processo de trabalho, que existe quando inserido em frágeis relações contratuais.

> Essa dinâmica de flexibilização/precarização atinge o trabalho do assistente social, nos diferentes espaços institucionais em que se realizam, pela insegurança do emprego, precárias formas de contratação, intensificação do trabalho, aviltamento dos salários, pressão pelo aumento da produtividade e de resultados imediatos, ausência de horizontes profissionais de mais longo prazo, falta de perspectivas de progressão e ascensão na carreira, ausência de políticas de capacitação profissional (Raichelis, 2011, p. 422).

No entanto, no campo de trabalho, os desafios que envolvem o profissional não se encontram limitados somente às determinações ligadas às condições contratuais de trabalho, veremos que outra questão presente no cotidiano dos assistentes sociais nas prisões do setentrião brasileiro é a questão de logística e de estrutura física disponível para desenvolver suas atribuições.

É fundamental a existência de estrutura adequada para o assistente social desenvolver sua ação profissional. As diversas prerrogativas profissionais demandam a existência de equipamentos e salas adequadas para se realizar a apropriada execução dos serviços, como abordagens individuais e coletivas, o que leva à necessidade da existência de espaço físico. Para tanto, a atuação do Conjunto CFESS/CRESS na defesa da profissão é mote singular e, mais que nunca, necessária. Na Região Norte, temos evidenciado na tabela a seguir um panorama geral sobre a existência de espaço físico para atendimento do assistente social:

Tabela 4. Condições do espaço físico para atendimento do Serviço Social em cada estado da Região Norte

Estado	Quantidade de unidades		
	Sala Exclusiva	Sala Compartilhada	Não possui
Acre	3	8	1
Amazonas	10	5	5
Amapá	1	6	1
Pará	20	21	3
Rondônia	8	15	29
Roraima	1	2	3
Tocantins	2	13	27

Fonte: Infopen (2016) – Compilação autoral.

A inexistência de aparato físico, ofertado pela instituição, coloca o assistente social diante de um entrave que se forma entre a necessidade de realizar o atendimento do usuário e o dever de resguardar o sigilo e assegurar a confiança do usuário, manter a credibilidade no atendimento e o cumprimento da ética profissional. Esse dilema é a realidade de muitos assistentes sociais que estão atuando nas prisões do Norte. Conforme mostra a tabela 4, a Região Norte tem um total de 184 unidades, do qual 45 unidades possuem sala exclusiva para o Serviço Social, 70 salas compartilhadas e 69 não possuem sala, porém apenas 70 dessas unidades prisionais possuem assistentes sociais em seu quadro técnico.

Sobre essa realidade, a pesquisa apresentou o seguinte dado quanto à adequação do espaço físico às necessidades da profissão: "Em partes sim [...], mas não atende às exigências da profissão" (Entrevista/Pesquisa pensando o Direito: diagnóstico dos serviços prisionais no Brasil, 2015). Outro ponto destacado na pesquisa assevera que:

> Aqui nós não temos uma sala, uma estrutura adequada pra atender [...], eu fico chateada porque a gente gostaria de ter uma individualidade pra fazer o atendimento. Lá no sistema prisional colocamos cadeiras separadas e nós os escutamos, mas não tem uma salinha específica, são várias assistentes sociais, aí cada um conversa com as pessoas, tem interno que está falando aqui baixinho com a gente, querendo que o outro não ouça. Eu acho que não tem um ambiente propício para que, de fato, a gente faça essa investigação toda como nós gostaríamos enquanto técnicos (Entrevista/Pesquisa pensando o direito: diagnóstico dos serviços prisionais no Brasil, 2015).

Assim, o atendimento ocorre de forma coletiva, com todos os assistentes sociais e usuários ocupando o mesmo espaço durante a realização de atendimento, no qual se pode conjeturar que os trabalhos são desenvolvidos quase em forma de mutirão. Tal constatação da pesquisa esboça a existência de embaraçoso gargalo, uma vez que, mediante essa realidade, fica comprometida a questão do sigilo profissional no atendimento. Pois, conforme a deontologia profissional, "constitui direito do/a assistente social manter o sigilo profissional. O sigilo protegerá o/a usuário/a em tudo aquilo de que o/a assistente social tome conhecimento, como decorrência do exercício da atividade profissional" (CFESS, 2012, p. 35). Todavia, na realidade dissertada, tal acepção não é materializada. Temos, então, a negação de valiosa prerrogativa para o exercício profissional, pois, nesse ínterim, se situa a questão da ética profissional.

Ainda mais, estamos dissertando sobre ambiente de nodal característica de violência. As informações e relatos nesse ambiente podem, de fato, decretar a morte dos sujeitos envolvidos.

De acordo com o CFESS (2006, p. 2), "o atendimento efetuado pelo assistente social deve ser feito com portas fechadas, de forma a garantir o sigilo". Portanto, há pontuado que para que existam as condições de trabalho adequadas, deve ser garantido local em que o profissional possa fazer uso exclusivo durante os atendimentos aos usuários, de forma que seja salvaguardado o sigilo profissional. Nesse ponto, chamo a atenção aos profissionais do cárcere de que "portas fechadas" devem ser consideradas para o sistema prisional a garantia do sigilo e nunca o chaveamento da porta durante o atendimento, como também a disposição dos móveis deve ser analisada através da perspectiva de segurança do trabalhador, aspectos práticos que, entre outros, são inerentes ao sistema prisional.

Para Barroco e Terra (2012, p. 15), o projeto político da sociedade de classes envereda a dissolução das lutas trabalhistas e a diluição de profissões "desrespeitando processos coletivos de organização, cultura política e instrumentos normativos instituídos de modo legal e democrático" e assegura a existência de diligências que resultam em largo processo de precarização do exercício profissional. Portanto, a ascese do capital assegura a impossibilidade de condições sólidas para que as prerrogativas da vida em sociedade e seu desenvolvimento para a emancipação humana sejam atendidos.

Importante é a percepção de que o Serviço Social em ambiente fora do contexto da democracia dificilmente consegue executar suas ações de modo a atender ao nexo de sua deontologia; nesses ambientes, a luta que se estabelece ainda carece de mais desenvolvimento estratégico para a afirmação da profissão em sintonia com seu direcionamento deontológico. Esse contexto é nítido na enxovia. Ali, os supostos democráticos estão de fato em xeque e, sobretudo, o próprio Projeto Ético-Profissional do Serviço Social. No entanto, parece-nos que no tempo presente tal realidade, que já afirmávamos em reflexão anterior (Silva, 2014), vaza os muros do cárcere e se espraia na sociabilidade internacional (Levitsky; Ziblatt, 2018).

O público usuário dos serviços assistenciais no sistema prisional — salvo alguns casos excepcionais — tem suas vidas marcadas por um significativo processo de exclusão social e assinaladas por histórias que compreendem diversas realidades, quase sempre desprovidas dos quesitos necessários para uma reprodução digna, compreendendo que estamos a falar da dimensão orgânica, uma vez que a espiritual sequer se conjuga como mote de debate na enxovia. Falar-se em reprodução espiritual no cárcere é sinônimo de defesa de regalias. Este é o nível do debate a ser superado. Desse modo, os usuários sobrevivem à margem das benesses sociais, contudo, demonstram que não abdicaram da disputa pelas benesses produzidas socialmente e que imprimem uma crítica ao sistema, com lemas como Paz, Justiça e Liberdade (Estatutos do PCC, CV e FDN, entre outros).

Destarte, a prisão tal como ela se compreende é local de produção de violência e ódio, e não possui capacidade de recuperação nem contenção daqueles que compõem a população carcerária; a violência se coaduna na busca para obter parte da riqueza social, ou seja, a acumulação de mercadorias, e é mediação do cotidiano.

A realidade da pessoa presa, faceada por diversos episódios de transgressão à ordem estabelecida, determina um litígio singular no modo de existir. Dessa forma, a inexistência de lugar privativo para atendimento social conjuga-se como impedimento para obtenção de relevantes informações para o conhecimento da realidade do usuário, uma vez que a pessoa presa, ao ter que revelar elementos de sua vida privada e mesmo do cotidiano carcerário, teme por sua integridade e a de seus familiares.

Essa condição, ao impedir o acesso às devidas informações para o conhecimento necessário da realidade, pode comprometer a intervenção profissional que se condiciona à necessidade de abstrair o máximo de informações sobre as demandas observadas — obviamente, trata-se somente das informações necessárias para a execução de sua atuação profissional frente à demanda — para construir um caminho compreensivo que abarque toda a complexidade necessária para a efetivação de sua práxis interventiva.

Vemos que, nesse sentido, o sistema prisional é um espaço que carece de aprimoramentos para o agir profissional do assistente social. Muitas vezes, constitui-se em materialização de seu projeto profissional a "simples" luta por tal estrutura, porém as necessidades de melhorias e adequações não se limitam somente ao espaço físico, conforme reclama a ponderação da pesquisa: "A questão da logística, não tem carro... é muito difícil! Às vezes, até uma coisa simples, a gente não tem toner para imprimir um papel. Então é difícil" (Entrevista/Pesquisa pensando o direito: diagnóstico dos serviços prisionais no Brasil, 2015). Essa é uma face da realidade que determina ao assistente social um contexto de trabalho precarizado.

Essas questões que colidem com o cotidiano do assistente social são barreiras que reclamam sua ultrapassagem. Para tanto, supõem-se a necessidade de conhecimento da realidade em questão e a do significado da profissão, de forma que o profissional tenha conhecimento da identidade profissional do Serviço Social, no sentido de forjar certa consciência social que leve ao conhecimento das demandas, possibilidades e desenvolvimento de estratégias para execução de sua práxis interventiva.

O conhecimento da vida cotidiana é ponto de partida para a construção epistemológica e "se enriquece com os resultados da produção do espírito humano à proporção que assimila as novas ramificações das formas superiores de objetivação às suas necessidades práticas" (Santos Neto, 2013, p. 18), todavia, no cárcere tudo se transforma ainda mais, a vida intramuros colabora para uma reprodução da barbárie e dista de uma proposta emancipatória. Com essas achegas, apontamos como primordial o conhecimento sobre a profissão e o espaço institucional, elementos basilares para uma ação efetiva frente aos entraves profissionais e a superação da imediaticidade da vida cotidiana.

Sintetizamos que o cárcere é ambiente em que se estabelece sobremaneira a relação mercadológica; esta em muito sobrepõe o próprio valor da vida orgânica. Tudo no ambiente prisional possui um propósito e um valor, até mesmo a permanência em dado espaço da unidade prisional durante algum tempo, o local de dormir mais próximo ao "boi"[9] ou mais distante, a ida aos serviços técnicos, o tráfico, enfim, tudo que possamos imaginar no espaço prisional hodiernamente em geral estará precedido de uma finalidade, de um propósito, e na maioria das vezes terá uma relação de mercadologia por detrás. Compreender esses cenários é fundamental ao profissional que atua na enxovia, tanto para não participar de "esquemas" de modo ingênuo, como para não ser vítima de alguma circunstância indesejada e, mais ainda, para ter o mínimo de possibilidades em implementar com a autonomia possível sua práxis profissional.

---

9. Bacia sanitária da cela.

Capítulo 4

Identidade profissional e consciência social no trabalho do assistente social

O Serviço Social tem sua trajetória histórica marcada por diversas correntes de pensamento,[1] que se inicia com as damas da caridade e encontra no neotomismo suas primeiras bases teóricas, posteriormente bebe na fonte do positivismo, funcionalismo, passeia pela fenomenologia, chega à intenção de ruptura e se encontra no diálogo com a teoria social marxiana e com a tradição marxista, sem esquecer a interação com outras ciências, quais sejam, as humanas e sociais, como a Antropologia, Sociologia, Psicologia, Ciência Política, Filosofia etc., todavia, é na filosofia da práxis que se encontram as bases para o hodierno Projeto Ético-Político Profissional[2] e que no tempo presente enfrenta severa luta pela sua hegemonia.

---

1. Vide aprofundamento sobre o assunto em Paulo Netto (2001) e Iamamoto (1994).

2. Evidentemente que estamos destacando as correntes ou vertentes de mais destaque no Serviço Social.

A construção da identidade profissional se dá a partir da configuração e reconfiguração de seu alicerce deontológico e na construção de um *éthos*[3] da profissão, que ocorre pelo vislumbre de novos horizontes ante a dinâmica social atinente à hodierna sociabilidade. O atual direcionamento político da profissão não é fruto do acaso nem é uma construção a-histórica, é, pois, regido pelas configurações societárias de nossa época, portanto produto das mudanças econômicas, sociais e culturais. Nesse sentido, considera-se que cultivar um nexo profissional imbricado a uma lógica emancipatória do ser é fundamental, até porque não entendemos que ao Serviço Social coube um "salto ontológico" nos termos lukacsianos (Salvador, 2018), quando nos referimos ao processo de fundamentação teórico/filosófico de seu agir profissional e de sua compreensão de mundo.

Vejamos que, salve melhor juízo, Lukács (1979) se referiu às transposições ocorridas das esferas de processualidade do ser, nesse mote, em linhas gerais, o ser inorgânico, ao transmudar para uma esfera orgânica, estaria então diante de um "salto ontológico" e daquela para a social, outro "salto ontológico"; essa processualidade ocorrerá pela descontinuidade ou ruptura do momento anterior, possibilitando o surgimento do outro, que irá aparecer com certa autonomia, com uma essência própria.

No entanto, sendo uma análise ontológica, com base em Lukács, ele irá verificar que a nova realidade ontológica não deixa de se articular com a esfera anterior. Como estamos a ponderar sobre possível retrocesso no processo democrático mundial, chamamos a atenção para o debate, pois se realizarmos uma relação do que Lukács colocava em dada realidade sobre o "salto ontológico" e a questão do Serviço Social e suas vertentes teórico-filosóficas, talvez se entenda ser inegável a permanência da articulação entre o que surge, "intenção de ruptura", e o que se fora "conservadorismo", então as críticas ao atual quadro de conservadorismo ganham relevos

---

3. Relação de hábitos, costumes, disposições morais que define uma identidade social ou direcionamento ético.

interessantes, deixando de ser um momento processual para uma realidade operativa na profissão.

Certo de que a processualidade determinaria um refinamento tal que a nova realidade cada vez mais se distanciaria da realidade anterior em sua complexidade, todavia aqui poderemos cair, salvo melhor juízo, em dado fatalismo, pois parece-me que não está dado que o Serviço Social em sua existência atual opere massivamente nos cânones da perspectiva da filosofia da práxis, e me parece que não estamos livres de ataques a essa questão; pelo contrário, nada nos garante que de fato estaremos operando pela lógica da intenção de ruptura em um possível futuro, estamos em uma seara de disputa, uma verdadeira guerra de trincheiras e pela possibilidade mesma em retrocedermos a lastros teóricos/filosóficos já superados pelo Serviço Social, não poderemos denominar de "salto ontológico" nos termos de Lukács a realidade vivida pela profissão, quanto a sua processualidade e desenvolvimento teórico/filosófico ao largo de sua existência.

Assim, sem essa âncora de não retrocesso teórico/filosófico na profissão, ofertada pela compreensão lukacsiana a um conceito que não se encaixa para a construção do *éthos* profissional do Serviço Social, cabe ao profissional assistente social a vigilância e a defesa do Projeto Ético-Político Profissional cotidianamente, caso queira determinar sua existência e, evidentemente, aos que desejam sua superação a lide é o caminho.

O Serviço Social se encontra inteiramente vinculado à realidade social vigente, pois estão situadas nessa fôrma social as condições necessárias para a existência da profissão e a construção de seu projeto profissional (Paulo Netto, 2011), que se caracteriza pelas transformações ocorridas no interior da profissão, por meio de seu direcionamento teórico e da visão de mundo dos sujeitos que constroem a profissão. Esses elementos confluem no sentido de estabelecer uma identidade, portanto, não se trata de um espaço pronto e acabado, "mas como objeto da construção social dos homens" (Vaz, 1993, p. 12-3), e aqui não possui a aderência o debate de Parmênides de Eleia, com seu imobilismo, porém a lógica de Heráclito de Éfeso (Reale, 1993), e a fluente realidade social que todo o tempo se faz realidade concreta e mudança constante.

Atualmente, a profissão tem como baldrame a teoria social marxiana, que entendemos em franca ameaça no interior da profissão e na sociabilidade em geral. Dessa forma, o fazer profissional se direciona no sentido da emancipação humana e esta "passa pelo *medium* de uma revolução de natureza política e social que visa à superação das sociedades de classe" (Santos Neto, 2013, p. 16). Portanto, a *démarche* da práxis interventiva do Serviço Social centra-se na edificação de um "projeto profissional vinculado ao processo de construção de uma nova ordem societária, sem dominação, exploração de classe, etnia e gênero" (CFESS, 2012, p. 25).

Dessa forma, trata-se de um projeto com certo direcionamento político, que objetiva a superação da axiologia societária presente e seu modo de produzir-se e reproduzir-se, pois é somente com a ultrapassagem da idade do capital que será possível alcançar a emancipação humana (Tonet, 2004).

Para o assistente social, é fundamental ter o conhecimento da profissão e de suas bases de direcionamento, pois somente com essa lucidez poderá se orientar na ação prática, identificar as demandas, planejar suas ações, assegurar o cumprimento de sua deontologia, intervir frente às expressões da "questão social", enfim, tudo se relaciona pela necessidade de possuir dada consciência social alinhada à proposta de emancipação humana, para afirmação de um agir pautado no comprometimento com a profissão ante a sociabilidade, evidentemente que tal contexto, na enxovia, é mote de questionamento constante e, por ora, em toda a sociedade brasileira.

Nesse debate, não podemos perder de vista o movimento de reconceituação da profissão, "evento de cunho contestatório, que se formou frente às necessidades de se estabelecer novas formas do agir profissional frente aos condicionamentos históricos" (Carvalho, 2006, p. 11). Mota (1991, p. 15) complementa:

Tais condicionantes podem ser identificados a partir dos avanços do capital industrial e da expressão política da classe trabalhadora, quando se delineiam formas de confronto entre as classes fundamentais, modificando o panorama social e fazendo emergir condições objetivas que exigem a construção de novas práticas.

Dessa forma, a profissão em suas bases deontológicas reconhece como objeto de intervenção do assistente social a "questão social", gestada na polaridade antitética entre capital e trabalho, cuja existência implica rebatimentos para a classe trabalhadora, que se vê diante de uma realidade que a obriga a viver em condições de subalternidade e vítima direta de suas expressões.

Nesse sentido, a profissão tem sua identidade forjada como produto da socialização, seja ela do referido modelo societal, seja ela das relações desenvolvidas no interior da profissão por meio de debates entre os atores sociais que formam e formaram o Serviço Social ao longo da história, isto é, por meio de um movimento dialético entre a profissão e a sociedade. Esse conjunto de socializações constrói a profissão e institui seus direcionamentos, definições conceituais e suas alianças.

Ao sustentar certa postura ética e manter determinado posicionamento político, o Serviço Social exige de seus operadores robustas reflexões e comprometimento com as demandas dos usuários. Dessa forma, os profissionais não se encontram alocados nos espaços apenas para cumprir exigências legislativas e obedecer a ritos burocráticos, pois desse modo seriam apenas meros executores de exigências técnicas e administrativas, não correspondentes ao papel da profissão, já que seguir regras ou trabalhar a partir de manuais resultaria em uma atuação linear, que não abarcaria as especificidades das demandas no enfrentamento das expressões da "questão social".

No entanto, é na ação profissional que se verifica o nível de comprometimento com os direcionamentos preconizados pelo Serviço Social, pois a atuação ou adquire um viés de comprometimento com a deontologia da profissão, a partir das três dimensões de atuação,[4] ou adquire um

---

4. Ético-político, teórico-metodológico e técnico-operativo.

direcionamento que se contrapõe à postura profissional preconizada em seus instrumentos norteadores, perfilando um fatídico fazer profissional rendido ao *status quo*, com todo o respeito que devamos ter aos cenários específicos dos espaços sócio-ocupacionais e dos trabalhadores assistentes sociais e suas opções éticas, políticas e filosóficas no fazer profissional.

O comprometimento ético-profissional possui capilaridade nas lutas sociais para uma sociedade humanamente emancipada. Dessa forma, o assistente social só deve "escolher entre alternativas profissionais quando elas têm condições de se inscrever na história e isso é também parte da luta dos movimentos sociais" (Borgianni, 2012, p. 165). A definição de um caminho de atuação encontra-se bem definida pela deontologia profissional, no entanto é imprescindível que o assistente social tenha conhecimento de todos os princípios que regem a profissão e possua como identidade profissional tais direcionamentos.

Essa condição perpassa pelo conhecimento da profissão, isto é, a apreensão do que é Serviço Social e o seu papel na atual sociedade. Ao nos atermos a essa questão, quando perguntadas sobre o que seria o Serviço Social, as assistentes sociais da pesquisa revelam que "Serviço Social é trabalhar com demandas sociais, com questões sociais, tudo que tem a ver com a sociedade, com políticas sociais, isso para mim é Serviço Social" (Entrevista/Pesquisa pensando o direito: diagnóstico dos serviços prisionais no Brasil, 2015).

Em outra reflexão, "[...] o Serviço Social é um campo que abrange tudo do ser humano, moradia, saúde, alimentação, família, então assim tudo se relaciona ao Serviço Social" (Entrevista/Pesquisa pensando o direito: diagnóstico dos serviços prisionais no Brasil, 2015).

Em ambos os entendimentos, temos uma compreensão que situa o Serviço Social no contexto de produção e reprodução da vida social, porém, sem considerar as especificidades da profissão. De fato, o Serviço Social situa-se no contexto citado, no entanto, nesse nexo, temos a presença de tantas outras profissões. A atuação do assistente social se encontra atrelada à realização de intervenções junto às expressões da "questão social" e, para tanto, insere-se nos diversos espaços sócio-ocupacionais, e, em cada qual, lida com expressões da "questão social" presentes na vida cotidiana dos usuários que adentram tais espaços.

Não se trata de uma intervenção que abrange tudo do ser humano, tampouco busca atuar em todas as questões constituintes da sociedade. Sua formação generalista permite subsídios para que se possa desenvolver sua compreensão acerca da realidade e alcançar o entendimento das particularidades de cada espaço ocupacional; na área que estamos a falar — o sistema prisional —, determina que o assistente social tenha a limpidez analítica de entender que se encontra nesse campo, antagônica polaridade formada entre "proteção de direitos e a responsabilização civil e criminal" (Borgianni, 2012, p. 167). Condição que coloca especificidades no campo das políticas sociais e, consequentemente, trará para atuação do assistente social nuances diferentes de outros espaços ocupacionais. Dessa forma, cada campo de atuação possui suas particularidades, e a compreensão do Serviço Social passa pelo entendimento do meio social e do espaço institucional no qual se insere.

Porém, é importante destacar que o Serviço Social não tem sua forma modelada de acordo com o espaço ocupacional, o que muda são as demandas e estratégias de intervenção, portanto, os elementos constitutivos da profissão, sua identidade e sua intencionalidade se mantêm e fundamentam o desenvolvimento das atribuições e competências profissionais assumidas no espaço sócio-ocupacional.

A profissão se encontra relacionada à garantia de acesso aos direitos sociais, por meio de planejamento, implementação e execução de políticas públicas, como formas de enfrentamento à "questão social" e suas expressões. Dessa maneira, as políticas sociais são instrumentos pelos quais é possível responder às situações de vulnerabilidades da classe trabalhadora, porém, não se trata somente de executar tais políticas, é necessário entender as contradições presentes na sociedade vigente e identificar as expressões da "questão social" e, com isso, "compreender a mediação que as políticas sociais representam no processo de trabalho do profissional, ao deparar-se com as demandas da população" (Piana, 2009, p. 86).

Há de se destacar que a profissão não é somente um meio viabilizador de direitos, no entanto, na pesquisa, encontramos profissionais que definem o Serviço Social apenas como garantidor de direitos e deixam subentendido que seu espaço na divisão sociotécnica do trabalho se encontra inteiramente no interregno entre a ausência de direitos e a busca por direitos. Nessa direção, temos a seguinte afirmação:

> Serviço Social é uma oportunidade de se fazer parte de uma sociedade, de defender os direitos das pessoas que te cercam e do público que te é colocado a trabalhar, para mim Serviço Social é uma identificação de ser humano, uma questão de direito mesmo de cidadania (Entrevista/Pesquisa pensando o direito: diagnóstico dos serviços prisionais no Brasil, 2015).

A pesquisa também enfatiza o fato de o Serviço Social levar às pessoas o conhecimento de seus direitos e expressa que, com isso, abrem-se possibilidades de uma vida mais humanizada, mediante o usufruto dos direitos constitucionalmente garantidos:

> Serviço Social é levar ao cidadão a humanização, leva ao cidadão conhecimento de que realmente ele pode ter seus direitos e deveres, é conscientizar eles que realmente eles são pessoas. O Serviço Social ele garante o direito da pessoa dentro da constituição, dentro do que realmente ele tem de fato. (Entrevista/Pesquisa pensando o direito: diagnóstico dos serviços prisionais no Brasil, 2015).

De outro modo, verifica-se certa dificuldade em conceituar a profissão e usa-se a existência dos termos "serviço" e "social" como uma forma de afirmar que a função da profissão se encontra explícita em seu nome, isto é, realizar "serviços sociais". Em seguida se intenta para o Serviço Social um conceito geralmente usado para definir os parâmetros de acesso da

Política de Assistência Social, ao afirmar que o Serviço Social é "para quem dele necessita", caminhando-se para a afirmação de que o assistente social é um técnico formado para tal finalidade. Além dessa percepção, é óbvia a confusão em relação às prerrogativas legais que envolvem até mesmo o texto constitucional e a profissão:

> Serviço Social é uma profissão... Por isso já está dizendo o Serviço Social, é aquilo que você vai oferecer, seus serviços ali, mas para você fazer isso eu penso que você primeiro tem que gostar do Serviço Social, procurar entender alguma coisa pelo menos. É isso o Serviço Social e já está dizendo social e você tem que passar por todo aquele conhecimento para você ser um assistente social. O assistente social é um articulador de direitos. Então Serviço Social é isso. É um Serviço Social para quem dele necessita. Um agente, no caso, um técnico para isso (Entrevista/Pesquisa pensando o direito: diagnóstico dos serviços prisionais no Brasil, 2015).

Como já observado, a pesquisa acena que a definição da profissão não adentra as suas especificidades, mas, além disso, não identifica o objeto de intervenção profissional, não reconhece a profissão no contexto do trabalho coletivo nem deixa evidente a intencionalidade do Serviço Social, destacando-se o fato de o Serviço Social se constituir como instrumento que os usuários possuem para acesso a direitos previstos pelo aparelho estatal, mas também há que se destacar a confusão semântica e um trocadilho de termos que mais parece um labirinto argumentativo.

Porém, de acordo com Boschetti (2016), o assistente social tem a imprescindível missão de tensionar e questionar o Estado Social burguês e a sociabilidade vigente. Entendemos que tal norte se alinha ao objetivo de propiciar condições mais equânimes de vida em sociedade, já que as políticas sociais são também ferramentas do Estado burguês para o controle e reprodução da força de trabalho, que contribuem para a reprodução ampliada do capital, muito embora a reconheçamos como importante espaço de disputa e de possibilidade de produção de negatividades ao *establishment*.

Consequentemente, a atuação profissional deve ir além do campo da busca por direitos, pois, limitar-se a esse espectro significa ficar aprisionado nos limites impostos pelo modelo social vigente. Para Edelman (2016, p. 76), os direitos,

> [...] se num primeiro momento, e por curto período, eles podem construir uma base para a luta, se, em certo sentido, a extensão desses direitos aos trabalhadores pode significar um "progresso", esse "progresso" carrega seus próprios limites. Porque a reivindicação de igualdade que não deixa o campo do direito não pode ir além da igualdade jurídica, logo das relações de produção capitalista.

Dessa forma, o enfrentamento à "questão social", travada no campo do Direito, situa-se inteiramente objetivado nos labirintos do *establishment*, portanto, não faz nada além da necessária reprodução da sujeição do trabalhador à ordem posta.

Nesse sentido, Mandel (apud Boschetti, 2016, p. 49) assevera: "imaginar que o aparelho burguês pode ser usado para uma transformação da sociedade capitalista é tão ilusório quanto supor que seria possível dissolver um exército com a ajuda de generais pacifistas". Dessa forma, para o enfrentamento efetivo das expressões da "questão social", exige-se o tensionamento do *status quo*, e sua superação está diretamente ancorada em nova proposta axiológica da sociedade e do modo como se reproduz materialmente a vida social. Pois trabalhar, apenas na perspectiva de garantia de direitos, é reduzir a profissão aos limites postos pela hodierna sociabilidade, defraudando a proposta de uma sociedade plenamente emancipada e que, em tempos de crise, suplanta direitos conquistados com sangue a toque de caneta, e o que é mais trágico, com o amplo apoio daqueles mais necessitados de proteção social.

A compreensão do universo do direito positivado leva à sapiência da complexa tarefa do Serviço Social na efetivação de sua prática profissional, visto que sua identidade se encontra afiançada na necessidade de superação do modelo de exploração e no enfrentamento da "questão social", ambos intrinsecamente interligados, porém, os meios mais palpáveis e imediatos para isso se estabelecem na garantia de direitos, por meio da efetivação das políticas sociais, artifício forjado inteiramente dentro do modelo societário em voga, condição, que, por vezes, leva à subsunção do caráter transformador da profissão.

Destarte, Martinelli (1997, p. 17) aponta que a identidade da profissão é "elemento definidor de sua participação na divisão social do trabalho e na totalidade do processo social. Portanto, [...] a identidade profissional está sendo pensada dialeticamente, como uma categoria política e sócio-histórica, que se constrói na trama das relações sociais". No entanto, o assistente social, ao deixar sua prática profissional sucumbir à lógica do *status quo*, perde sua consciência social e abandona a identidade da profissão, transforma-se em reprodutor de práticas reificadas e, nesse entretempo, já não está mais presente na atuação profissional o potencial transformador da realidade fundada no viés político e combativo da profissão.

A "questão social" é ponto central na atuação profissional, tal qual corresponde ao seu objeto de trabalho. As mudanças sociais vistas no discurso da profissão passam de forma direta pelo enfrentamento às suas expressões. Dessa maneira, é fundamental a compreensão de seu contorno conceitual, sua origem e desenvolvimento, pois de acordo com Iamamoto (2001, p. 11), a "questão social" é

> [...] indissociável do processo de acumulação e dos efeitos que produz sobre o conjunto das classes trabalhadoras, o que se encontra na base da exigência de políticas públicas. Ela é tributária das formas assumidas pelo trabalho e pelo estado na sociedade burguesa e não um fenômeno recente, típico do padrão de acumulação.

Com essa compreensão, temos a "questão social" entendida como produto do modo de produção material da vida social, e se situa em todos os quadrantes históricos da sociabilidade vigente, portanto, não existem diversas "questões sociais", mas a "questão social" e suas diversas expressões, o que nega as teses que afirmam a existência de uma nova "questão social", formada a partir das transformações, na qual passou o modo de produção atual mediante as suas crises e esgotamentos do processo de acumulação, mas não só, tenciona de fato propostas reformistas como efetividade de superação do mesmo.

Porém, verifica-se na pesquisa a afirmação de que existem "questões sociais", vejamos: "as questões sociais, elas são muito graves e a gente tende a julgar o público do sistema prisional de uma maneira muito distante da gente" (Entrevista/Pesquisa pensando o direito: diagnóstico dos serviços prisionais no Brasil, 2015).

Quiçá o profissional esteja se referindo às diversas expressões da "questão social", no entanto, havendo certa confusão conceitual entre a "questão social" e suas diversas expressões, ou como já afiançamos uma possível confusão semântica ou mesmo o entendimento de que existem diversas "questões sociais".

Esse debate é relevante no processo identitário profissional, uma vez que se conjuga ao modo de compreensão de mundo. Se, por um lado, a "questão social" se afirma devido à compreensão de que sua superação só venha a ser possível com a derrocada do modelo de produção e reprodução material da vida social vigente, de outro, a compreensão da existência de "questões sociais" demanda nova forma já existente na sociabilidade, de se produzir e reproduzir a sociedade, então o mundo do trabalho estaria superado e as teses de Marx, velhas.

A "questão social" apresenta suas particularidades no trânsito histórico do capitalismo, o que pode resultar na reconfiguração de suas expressões e no surgimento de novas expressões, porém, o fato originário não se altera e a desigualdade social mantém seu montante de responsabilidade na perpetuação e no acréscimo da totalidade da miséria humana. Nesse sentido, a existência de novas expressões não configura o surgimento de uma nova "questão social". Nesse interstício, é imprescindível ao assistente social o conhecimento da realidade na qual está inserido o contexto de sua intervenção, pois só assim será capaz de perceber tais expressões em uma lógica de totalidade.

As configurações que adquirem as expressões da "questão social" possuem consonância geoideopolítica. Cabe, então, o esforço analítico em depreender, interpretar e traduzir suas expressões. Desse modo, Iamamoto (2005, p. 38) assegura que, para a reflexão do trabalho do assistente social, é fundamental que se tome "um banho de realidade brasileira, munindo-se de dados, informações e indicadores que possibilitem identificar as expressões particulares da 'questão social', assim como os processos sociais que as reproduzem".

O desvelamento da "questão social" e o de suas expressões ocorrem mediante a investigação de cada situação concreta, que ultrapassa de forma transversal o entendimento da realidade de cada vida que se apresenta como usuário do trabalho do assistente social.

Para tanto, o Serviço Social em seu Projeto Ético-Político Profissional estabelece como caminho investigativo o método crítico-dialético, no qual a análise da realidade busca compreender o objeto a partir da realização de aproximações sucessivas, através do movimento dialético que parte do objeto concreto e se direciona ao desvelamento dos complexos mais simples do todo e, por conseguinte, à realização do caminho inverso, retornando novamente ao objeto inicial, porém agora com "uma rica totalidade de determinações e relações diversas" (Marx, 2008, p. 260). Nesse percurso investigativo, o "concreto aparece no pensamento como o processo da síntese, não como ponto de partida, embora seja o verdadeiro ponto de partida e, portanto, o ponto de partida também da intuição e da representação" (idem, p. 261).

Ao considerar o ambiente carcerário, a incorporação da lógica descrita afasta o profissional de compreensões forjadas a partir de juízos de valor e análises superficiais e culpabilizadoras dos indivíduos, pois há de se apreender cada realidade no contexto das relações sociais do modo de produção material da vida social vigente e da construção social do crime.

Vejamos, à guisa de exemplo, as mediações em que se determina ao indivíduo socialmente forjado, em dada sociabilidade racional, a veemência de ações puramente conduzidas por um afeto animal, possivelmente, ocorrerá um nítido deslocamento do indivíduo social para o ser orgânico/ animal; quase em uma inversão do "salto ontológico" lukacsiano, essa realidade recentemente nos foi apresentada pela Família do Norte (FDN) no Complexo Penitenciário Anísio Jobim, no estado do Amazonas.

A análise passa pela necessidade em se realizar uma compreensão do sujeito, que leve em consideração o compêndio de determinações sociais, econômicas, políticas, culturais etc., que orbitam em torno do indivíduo.

Sobre a compreensão do universo em questão, na pesquisa se verificam reflexões como:

> Ao sair do sistema prisional, tem muitos que são de outros estados, que são de outros municípios, perderam a família e a quebra do vínculo familiar, eles vão sair e vão chegar à parada de ônibus sem nenhum passe, eles vão olhar a pessoa que está com o celular ou que está com o cordão pendurado, a tendência deles é saciar suas necessidades. Parte e já vai pegar o celular, já vai beber, já sai delinquente. É uma pessoa má, não tem jeito? Não é! É uma pessoa não teve oportunidade. Eu vejo o sistema prisional e o retorno desse ciclo vicioso que se cria desse nosso público. (Entrevista/Pesquisa pensando o direito: diagnóstico dos serviços prisionais no Brasil, 2015).

Nessa análise, a falta de oportunidade é vista como elemento motivador para a realização de práticas criminais. Ao sair do sistema penitenciário, o agora "(ex)detento" não possui condições de se reintegrar à sociedade devido à falta de perspectiva de realização das mais básicas necessidades para a reprodução da vida humana. Nesse sentido, há forte tendência de essa pessoa voltar a praticar atos considerados delituosos, o que resulta na perpetuação de um ciclo vicioso, e evidencia que, de fato, o sistema carcerário não tem cumprido o objetivo de reintegração social proposto na LEP.

Em tal entendimento, também fica evidenciada a intrínseca ligação entre desigualdade social e criminalidade, pois a prática criminal se assevera mediante a mitigação das condições dignas de vida, essa que possui a necessidade de possibilitar oportunidades. Porém, no mundo presente, apenas uma parcela da sociedade se encontra incluída no campo das oportunidades, o restante se localiza em situação de exclusão social, e essa classe que não possui acesso às sinecuras da sociabilidade se constitui no público que, renitentemente, forma a população prisional. Dessa maneira, há por parte do Estado o controle da miséria pelo sistema penal.

> As classes sociais despossuídas constituem, assim, o objetivo principal das instituições penais. A história dos sistemas punitivos é, nessa perspectiva, uma história das "duas nações", isto é, das diversas estratégias repressivas de que as classes dominantes lançaram mão através dos séculos para evitar as ameaças à ordem social provenientes dos subordinados (Giorgi, 2006, p. 39).

Dessa forma, não há como compreender o crime e o sistema penal descolados do dado contexto social; a criminalidade nada mais é do que o problema que está atrelado às condições postas pela sociedade vigente, isso é constatável no curso histórico da humanidade. Nesse aspecto, veja-se que hodiernamente o objetivo primário do sistema penal e de toda a política penal será planejado e desenvolvido mediante o público que se espera intramuros. Isso significa que, na atual sociabilidade, a enxovia considerará aqueles que ao cometerem crime e diante da lide judicial não interpuseram óbices suficientes a uma condenação e prisão, sendo conduzidos ao cárcere, portanto, é com o pensamento nesses que se determinarão os rumos do "regime de 'sofrimento legal' imposto àqueles que forem punidos por desrespeito às leis" (Giorgi, 2006, p. 39).

Se as prisões dos tempos atuais no Brasil subsistem mediante as condições precárias e alto índice de insalubridade, devemos considerar que a situação dos brasileiros pobres passa pela miséria material, então, algumas teses defendem que o ambiente de punição não deve oferecer condições melhores de vida que o calamitoso mundo livre dos brasileiros subalternizados.

Pois, eis aí a vigência do princípio da *less eligibility*,[5] e, nesse horizonte, sobre os pobres comenta Rusche (apud Giorgi, 2006, p. 40), "que diante da fome e da necessidade tendem a cometer delitos ditados pelo desespero, só podem ser contidos através de penas cruéis".

Portanto, não se pode afirmar que o sistema prisional consiste em uma escolha mediante a impossibilidade de se obter uma condição melhor de vida, mas conforme identificado na pesquisa, as condições materiais de vida mediante a necessidade de sobrevivência colaboram para condicionar a prática de contravenções penais, e esse caminho conduz a pessoa à prisão, não por uma escolha livre ou por vontade pessoal simplesmente, mas também pelas suas condições sociais de subsistência.

Nesse debate, não podemos perder de vista as diversas faces e motivações de práticas criminosas, porém estamos nos referindo à realidade percebida nos dados apresentados que se fazem majoritariamente. De acordo com Giorgi (2006, p. 96), "o fato de a população carcerária ser constituída em sua imensa maioria por pobres, desempregados e subempregados não é nenhuma novidade; ao contrário, trata-se de uma constante histórica".

Ainda mais se considerarmos que a querela axiológica de o sujeito existir socialmente excluído e incluído afeta a sociabilidade vigente, nesse aspecto, considerando a classe subalternizada, se trará para o primeiro a primazia da resignação ancorada na moral do escravo (Nietzsche, 1992, 1999, 2002), aqui se terá o cidadão sofredor na espera de um novo céu e mundo, com vida longa de trabalho e sofrimento; para o último, uma confusa lógica da moral do senhor (Nietzsche, 1992, 1999, 2002), que lhe determina o cárcere e brevidade ao cemitério.

Todavia, carece destaque a possibilidade do endurecimento das penas e de seu modo de cumprimento no Brasil. Parece-nos que com as características que possui essa nação, talvez ocorra o que se denomina de "tiro pela culatra", um cenário caótico e com ramificações criminosas estruturalmente

---

5. A condição de vida na prisão não dever ser melhor que aquela possuída antes do cárcere.

intrínsecas às instituições públicas e privadas, com uma sociedade ainda aderida ao "jeitinho"; parece-nos que tal endurecimento, sem as devidas reformas estruturais e axiológicas, poderá demandar um crescimento dos partidos criminosos e não sua degenerescência.

Em matéria de trabalho do assistente social, esse é um público envolto às mais variadas expressões da "questão social" e a uma revolta social com valores difusos e confusos, que engloba desde a perversão — o que ocorre na estrutura perversa é a castração edipiana: o perverso não aceita ser submetido às leis paternas e, em consequência, a leis e normas sociais (Sequeira, 2009) —, até um nexo do tipo nobre (Nietzsche, 1992, 1999, 2002), e o aprisionamento já é, em muitos sentidos, decorrência da existência dessas expressões, o que é suficiente para que o assistente social não possua uma visão romantizada desse público.

A criminalidade e a judicialização da pobreza são questões presentes na atuação do profissional de Serviço Social no cárcere, no entanto sua intervenção deve vir acompanhada de rica compreensão da realidade em análise, e não se deve possuir concepção imediata ou singular. Nesse caso, o caminho compreensivo poderá levar à fatalidade de uma ação prática inepta, pois, como já identificara Marx (2007, p. 422), o modo de vida dos indivíduos possui relação direta com o meio social:

> [...] o desenvolvimento de um indivíduo é condicionado pelo desenvolvimento de todos os outros com os quais ele se encontra em intercurso direto ou indireto, e que as diferentes gerações de indivíduos que entram em relações uns com os outros possuem uma conexão entre si, [...] é evidente que um desenvolvimento sucede e que a história de um indivíduo singular não pode ser de modo algum apartada da história dos indivíduos precedentes e contemporâneos, mas sim é determinada por ela.

Dessa forma, há uma relação geral entre indivíduo, sociedade e compreensão da realidade dos usuários do Serviço Social, que perpassa por amplo entendimento de todo o contexto social; desse modo, alinhado à perspectiva marxiana, o assistente social deve sua análise à aplicação do método crítico, que entende o sujeito a partir de vasto universo de determinações. Sobretudo, a ação prática será a síntese de uma rica aproximação da realidade, baseada em pressupostos analíticos que decorrem da aparência dos fatos e ultrapassa a imediaticidade empírica. Portanto, a etapa de compreensão é momento crucial para a formulação prática, pois, conforme Togliatti (apud Montaño, 2005, p. 18), "quem erra na análise erra na ação". Vejamos, por exemplo, o dado a seguir:

> [...] nós fizemos um levantamento, um diagnóstico social aqui no nosso estado, não sei outro, mas eu acredito que deve ser mais ou menos parecido, mas a figura do pai, ela não é uma constante, eu diria que 80% das pessoas que estão no sistema prisional não tiveram os pais, não têm reconhecimento de sua paternidade, não tiveram pai presente ali ou só lhe colocaram o nome do pai, mas se separaram, a mãe teve que sustentar os filhos sozinha, sair para a rua para trabalhar, buscar, não faltar o alimento, aí deixou a criança com o irmão mais velho ou com o vizinho, e vai virando uma bola de neve. Aí eu converso com as nossas colegas e digo, nós mulheres ganhamos muito com as nossas conquistas no espaço de trabalho, de questões de direito, de garantias de direitos enquanto mulheres, mas a nossa sociedade perdeu muito, eu não estou aqui querendo ser piegas não, mas eu acredito mesmo que a célula *mater* da nossa sociedade é a família. A família, ela está sendo esfacelada, ela está se perdendo... ela perdeu aquele sentido de responsabilidade social de verdade, porque as mulheres estão saindo para o trabalho em busca da comida e estão deixando as crianças [...]. A mãe não sabe nem se a criança está indo para a escola, a maioria, porque ela tem que está servindo aqui o patrão. (Entrevista/ Pesquisa pensando o direito: diagnóstico dos serviços prisionais no Brasil, 2015).

Em um primeiro momento, teremos que destacar a necessidade dos assistentes sociais que atuam na enxovia em determinar ao seu fazer profissional uma singular relação entre família e população carcerária, notamos empiricamente que tal abordagem, quando existe, é deveras incipiente.

Mediante a reflexão contida na pesquisa, não podemos afirmar que esse fato leva à existência da criminalidade, da mesma forma que no caso de a mulher se inserir no mercado de trabalho seja uma questão problemática para o adensamento da criminalidade; são variáveis não afirmadas e mesmo não pesquisadas com a devida exegese, porém, a análise deve se situar no âmbito da ausência de vínculo familiar em geral, no entanto, não no sentido de culpabilização da figura materna ou paterna, mas de entender a família no contexto das relações sociais e da vulnerabilidade social existente.

Não é pelo fato de a figura materna ou paterna deixar de existir no contexto familiar que os vínculos familiares estabelecidos deixam de existir, e estaremos diante de uma família "esfacelada", estamos, pois, diante de um modelo familiar que difere do padrão tradicional, assim como a figura da mulher no mercado de trabalho não ameaça a estrutura familiar. A questão a ser analisada situa-se na totalidade da desigualdade social, pois, "a pobreza e as situações de grave miséria econômica trazem, em seu bojo, situações de extrema vulnerabilidade social caracterizada pela vida em condições adversas, esfacelando ou ainda impedindo laços de convivência social e familiar" (Cronemberger; Teixeira, 2013, p. 20). Esses condicionantes podem levar à fragilização do cuidado e da proteção social exercida pela família, devido à luta cotidiana pela sobrevivência.

Veja-se que famílias abastadas não se furtam da vida social e tampouco a mulher deixa de se desenvolver economicamente, todavia, o suporte existente fornece bases para que os vínculos familiares sejam fortificados, e os momentos vividos no lazer, no cotidiano etc. possibilitem garantias adequadas de convivência familiar e que não são de mesma monta disponíveis aos desprovidos desse mesmo cabedal de recursos.

Porém, a família "é apenas uma das instâncias de resolução dos problemas individuais e sociais" (Vasconcelos, 1999, p. 13), dessa forma, não é analiticamente preciso culpabilizar a família pela inserção de seus membros no contexto da criminalidade. Portanto, a visão expressa na pesquisa se pauta, em certa medida, na afirmação de um modelo tradicional de família com base no patriarcado e na definição de papéis masculinos e femininos.

Os argumentos buscam sustentar a posição de que a "formação do ser de 0 a 7 anos, que elas não tiveram, se reflete na vida adulta [...]" (Entrevista/

Pesquisa pensando o direito: diagnóstico dos serviços prisionais no Brasil, 2015); indo além, "uma mulher sozinha não consegue, ela pode tentar ser 'pãe', pai e mãe ao mesmo tempo, mas o ser humano precisa do espelho, do esteio do homem da família" (Entrevista/Pesquisa pensando o direito: diagnóstico dos serviços prisionais no Brasil, 2015).

Em tal proposta, a figura materna é fundamental nesse período do desenvolvimento humano, pois sua ausência implica a abertura da possibilidade de a criança trilhar caminho adverso ao "certo", sendo conduzida ao mundo do crime, pois, estando ocupada com os afazeres do trabalho, não há o cuidado necessário para com os filhos, assim uma família formada somente pela figura materna e filhos, quando a mãe adentra o mercado de trabalho, há que se observar a impossibilidade de acompanhamento direto dos filhos.

Vejamos que no modo como se estrutura a sociedade atual, de certa forma, a família carece de ofertar bases importantes para os rebentos, isso é um fato; outro é o debate da divisão de atribuições, assim como a composição familiar. Nesse cenário, versa em sua formulação o contexto cultural, a lide pela dominação e poder entre pessoas, grupos etc., entre outros tantos complexos. Todavia, um fato evidente se apresenta àquele que proporciona contornos caóticos à situação familiar, qual seja, a condição de vulnerabilidade social na qual vive tal família; há, portanto, sempre presentes, os condicionantes sociais e econômicos.

Ainda se faz necessário refletir que tal lógica quase se alinha aos supostos do juízo de Lombroso (2007), pois caso exista o óbito de um dos componentes da família, pai ou mãe, principalmente se for o pai, seria quase certa a delinquência dos filhos. Evidentemente que tal nexo se descola da realidade e apresenta uma análise superficial da coisa, que afirma um alinhamento com a ideia de dependência incondicional da mulher à figura masculina na cena familiar.

Essa visão, calcada na percepção de que para se impedir a construção de uma identidade criminosa a formação do sujeito deve ser centrada em determinada faixa etária, considerando a definição de papéis intrínsecos à dependência de gênero na formação familiar, contribuiria com uma formação do caráter diverso ao de criminoso e colide com múltiplos princípios da deontologia dos assistentes sociais vigente, carrega consigo, antes sim, a responsabilização dos sujeitos, retornando à dada forma de compreensão de mundo já superada pelo Serviço Social, desconsiderando que "[...] o homem não é um ser abstrato, ancorado fora do mundo. O homem é o mundo do homem, o estado, a sociedade" (Marx, 2010a, p. 145).

Ademais, é de extremo determinismo se acoplar o desenvolvimento do ser a determinado arranjo familiar, apesar de não ser mote específico de apreciação na presente análise. Em linhas gerais, essa concepção, se possui algum nexo de realidade, certamente possui tantos outros nexos que irão contraditar sua perspectiva, portanto, registrando o debate da temática que se atrela transversalmente ao nexo de profissionais que atuam no cárcere, entendemos que a caracterização do caráter criminoso mais revela traços da dada axiologia societária que propriamente a pura e simples composição familiar; novamente registro, sendo assim, a morte estaria contribuindo deveras para a criminalidade ao ceifar a vida daquele que representa a figura paterna e, nessa seara, nada disso possui ainda comprovação científica.

Essa antinomia de pensamentos existente entre a vertente teórica que fundamenta a deontologia do Serviço Social e outras concepções presentes na atuação de diversos profissionais no processo de interpretação do real possibilita dois relevantes pontos de discussão: o primeiro se situa no fato de que a prática profissional fundamentada a partir de percepções teóricas idealistas, funcionalistas, positivistas, fenomenológicas, entre outras, pode se constituir em um imbróglio analítico, o que levará à incorporação do ecletismo teórico para a prática profissional. O segundo ponto se ancora na relação entre teoria e prática, pois a prática profissional se encontra fundada em concepções teóricas diferentes das preconizadas no processo de formação acadêmica do assistente social, e essa situação pode resultar em concepções que sustentam a ideia de que a prática do Serviço Social é diferente da teoria.

O Serviço Social, no processo de construção de seu agir profissional, nega qualquer fundamento que se constitua em uma proposta eclética, pois, de acordo com Tonet (2004, p. 103), o ecletismo é

[...] a liberdade de tomar ideias de vários autores e articulá-las segundo a conveniência do pensador. Isto normalmente é feito sem o cuidado de verificar com rigor a compatibilidade de ideias e paradigmas diferentes, dando origem a uma colcha de retalhos.

Portanto, tal postura é incompatível com a proposta da profissão, pois esta se encontra alinhada à teoria social crítica, e incorporar ideias diferentes, no método analítico, poderá resultar em equívocos compreensivos e, consequentemente, na não apreensão da realidade, pois os fragmentos teóricos se encontrarão avulsos no cosmos do conhecimento humano. Dado o antagonismo teórico presente nas diversas correntes de pensamento, tal contexto determina uma compreensão adjetiva e uma ação superficial e pontual.

É importante destacarmos que não estamos defendendo uma "ditadura do pensamento", entendemos que é deveras salutar a pluralidade do pensar humano, e como afirma a filosofia do martelo, é na lide que se forja a vontade de potência do existir, todavia, nunca aclamando a destruição dos beligerantes. O que salientamos é que no **método** de desvelamento do real, as ideias que ali vão agir devem ser convergentes e nunca antagônicas, pois caso sejam antagônicas, se estaria a desenvolver o próprio método e não o utilizando na compreensão do real.

Dessa forma, chegamos à questão da teoria e da prática em Serviço Social, que não raro, mediante a aplicabilidade de fundamentações teóricas que diferem da apreendida na academia ou da falta de respostas imediatas em relação ao que se imagina alcançar com a aplicação de dada teoria, resulta em percepções equivocadas sobre a relação entre teoria e prática.

Assim, a pesquisa apontou que a teoria: "Ela é muito bonita enquanto estudada, mas na prática de nossa realidade de campo, ela é muito difícil de ser aplicada" (Entrevista/Pesquisa pensando o direito: diagnóstico dos serviços prisionais no Brasil, 2015), ou mesmo, "a teoria, na prática, é outra" (Entrevista/Pesquisa pensando o direito: diagnóstico dos serviços prisionais no Brasil, 2015), como também veremos que "as duas [teoria e prática] estão associadas" (Entrevista/Pesquisa pensando o direito: diagnóstico dos serviços prisionais no Brasil, 2015).

A concepção que separa a teoria da prática no Serviço Social, de acordo com Santos (2010), advém da compreensão equivocada de achar que a teoria vai oferecer respostas imediatas. Então, se a profissão é aderente a uma teoria crítica de base materialista, espera-se que tal ruptura venha acontecer de imediato na prática. Dessa forma, assumem-se percepções de que o materialismo histórico-dialético não possui efetividade nem condições de se instrumentalizar na ação profissional.

No entanto, a prática no Serviço Social se encontra articulada mediante seu caráter teórico-prático, ético-político e técnico-operativo, de forma a estabelecer uma interdependência entre essas três dimensões. Desse modo, "[...] teoria e prática mantêm uma relação de unidade na diversidade, formam uma relação intrínseca, sendo o âmbito da primeira, o da possibilidade e o da segunda, o da efetividade" (Santos, 2010, p. 5).

Essa dissolução entre teoria e prática é equivocadamente compreendida ao considerar a prática como algo intrínseco à esfera do trabalho e a teoria como passo estritamente acadêmico. Partindo da premissa de que teoria e prática não se dissociam uma da outra, o que verificamos são ideias que se antagonizam na materialização do Serviço Social dentro das instituições, onde a ação profissional se norteia por meio de projetos com diferentes matrizes teóricas.

Nesse sentido, carecem de verificação os debates de Parmênides, Heráclito, Platão, Sócrates, Nietzsche, Hegel, Marx, entre outros, fundamentalmente no que tange à realidade, ao mundo concreto e ao mundo das aparências, àquele essencial, imutável, eterno, ao mundo das ideias, inteligível. Nesse debate se forja a proposta de que alcançamos no mundo essencial as ideias perfeitas ou, na realidade, se põem determinações na consciência do ser. É importante tal análise devido ao fato de que fornecendo à realidade determinações para a consciência do ser, esse processo já se percebe, desde então, inserido "na prática"; a denominada pré-ideação do agir já é, na consciência, a prática, portanto, necessária e umbilicalmente intrínseca teoria e prática.

De acordo com Marx (2011b, p. 25), "os homens fazem a sua própria história; contudo, não a fazem de livre e espontânea vontade, pois, não são eles que escolhem as circunstâncias sob as quais ela é feita, mas estas lhes foram transmitidas assim como se encontram", portanto o campo da prática está mediado pelas condições sócio-históricas preexistentes, e a teoria transita no espaço de construção do conhecimento e apreensão da realidade, e entre ambos existe um campo de mediações que atribui limites tanto a uma como a outra, pois "[...] a mediação é uma categoria objetiva, ontológica, que tem que estar presente em qualquer realidade, independente do sujeito" (Lukács, 1979, p. 20). Dessa forma, a teoria não é um compêndio padronizado de procedimentos a serem aplicados na prática, de acordo com a vontade do sujeito.

É necessário não perder de vista as mudanças sociais e econômicas que implicam a atuação profissional; o processo de modernização e industrialização nacional trouxe diversos desafios para a profissão, portanto, é fundamental conhecer os limites existentes no campo de atuação. Vivemos numa sociedade que prima pela mercadorização das coisas e a reificação do ser, essa realidade adversa aos princípios da emancipação humana impõe o imperativo de pensar o mundo de forma crítica e apontar alternativas de intervenção, sem a desconexão entre a teoria e a prática. Na profissão, os seus fundamentos éticos, políticos e metodológicos são imprescindíveis para a prática, e na sua indissociabilidade com a teoria é que se alicerça a materialidade do projeto profissional.

É na ação prática do assistente social que o profissional articula sua práxis interventiva e exerce sua autonomia técnico-profissional mediante a liberdade de execução de suas atividades, por intermédio de sua *expertise* que se "legitima, fundamentalmente, pela competência teórico-metodológica e ético-política por meio da qual executa o seu trabalho" (Fávero, 2011, p. 30-31). Mesmo mediante condições de trabalho desfavoráveis, a prerrogativa da autonomia profissional não deve se submeter a processos de violação nem deve se esgotar frente aos impasses da realidade, como interferência da gestão, no caso do sistema prisional. Além desta, tem-se ainda a possibilidade de interferência das organizações dos presos etc.

As bases profissionais e a identidade da profissão não se suprimem mediante as especificidades do espaço ocupacional nem diante de necessidades fundamentais, como o viés multiprofissional que o Serviço Social adquire no cárcere. As diversas interações presentes no cotidiano, como a recorrente questão do trabalho interdisciplinar, não supõem um amoldamento ou unificação de projetos profissionais.

O direcionamento político da profissão e seu projeto profissional não sofrem mutações mediadas por condições específicas do momento ou do contexto no qual o assistente social desenvolve sua prática. Isso poderá ocorrer se a profissão perder sua direção hegemônica e a categoria profissional alinhar-se a outra perspectiva de compreensão de mundo, quiçá isso não se solidifique, o que se verifica é um arranjo estratégico na ação profissional mediante a realidade, a fim de assegurar a materialização do projeto profissional e seu alinhamento político e teórico ou uma aderência do profissional ao *status quo*.

Capítulo 5

Trabalho interdisciplinar em equipe multiprofissional

Sopesando a LEP, o Serviço Social integra a equipe multiprofissional que forma a Comissão Técnica de Classificação (CTC), comissão que condiciona o trabalho profissional do assistente social à atuação conjunta com profissionais de áreas como Psicologia, Psiquiatria, Pedagogia, Educação Física, Direito etc. Essa equipe multiprofissional visa promover a avaliação do processo de cumprimento de pena e disposição de sentença durante o tempo de prisão, a partir da realização de avaliação técnica e emissão de laudos que ofereçam, fundamentalmente, balanço sobre as condições de prisão para progressão ou regressão de regime, por meio de acompanhamento da pessoa presa, deliberações sobre visitantes e mesmo sobre a disciplina da pessoa presa, entre tantas outras atividades.

Essa proposta aferida no texto legal possibilita a existência da interdisciplinaridade no trabalho com a população carcerária. Prerrogativa que sugestiona a busca por novas alternativas de intervenção e entendimento mais bem mensurado sobre a realidade do público usuário. O aspecto central é a construção de uma unidade, formada por saberes de plataformas profissionais diferentes, para a construção de uma totalidade, que se realiza na tomada de decisões, isto é, na intervenção.

Defendemos que a interdisciplinaridade se faz importante não apenas pelos nexos a ela inerentes, todavia dialoga de maneira formidável com a concepção de segurança dos profissionais que atuam no sistema prisional, uma vez que requer a ação conjunta, o que dificulta a percepção de alvos individuais, seja por quais motivos forem, o que na enxovia certamente não são poucos.

Os procedimentos realizados pela equipe de profissionais, por meio da CTC, buscam através da utilização de métodos científicos de personalidade[1] a observação da pessoa em situação de prisão, para compreender a percepção do preso em relação aos diversos sujeitos que formam a sociabilidade, inclusive a intramuros, com o objetivo de tornar conhecida a individualidade do sujeito e aferir-lhe o devido "tratamento" que se adéque ao estágio em que o sentenciado se encontra em relação à possibilidade de uma vida fora da prisão (Mirabete, 2002).

A concepção de trabalho interdisciplinar no Serviço Social não deve se descolar dos princípios norteadores do agir profissional. Nesse sentido, é importante ter clareza de que os procedimentos realizados pela CTC, por vezes, adquirem caráter fortemente positivista, que implica a coisificação do sujeito em situação de prisão, pois a dita análise de personalidade pode adquirir um viés com alicerces analíticos baseados na fisionomia e características físicas, o que leva à aproximação de fundamentos lombrosianos do homem delinquente, além da tipificação individual do sujeito, esta com fortes veios de culpabilização dos indivíduos e com base na eugenia.

O referido entendimento lombrosiano procura determinar características anatômicas, bem como condições e traços psicológicos comuns e predominantes ao homem delinquente. Dessa forma, o *status* de criminoso estaria ligado às condições biológicas de cada indivíduo, sendo possível

---

1. Artifícios que permitam "a observação do comportamento da pessoa" (MIRABETE, 2002, p. 52).

determinar o caráter delinquente do homem por meio de seu perfil anatômico e/ou psicológico.

Entretanto, os diferentes projetos profissionais em presença, no trabalho interdisciplinar, devem confluir para um caminho interventivo com supostos que ratifiquem uma postura profissional alinhada a um direcionamento específico. "Nesse sentido, a ação de profissões que possuem como mote a superação do modelo societário vigente, a exemplo do Serviço Social, requer que os profissionais tenham relevo compreensivo e atitude posicionada com princípios de emancipação humana" (Silva, 2016, p. 25).

De acordo com Raichelis (2009, p. 389), a proposta de trabalho "interdisciplinar demanda a capacidade de expor com clareza os ângulos particulares de análise e propostas de ações diante dos objetos comuns a diferentes profissões", com o objetivo de buscar um acúmulo teórico a partir dos diversos saberes desenvolvidos por cada área e, assim, colaborar para a "afirmação e alargamento de direitos, de mobilização popular e de conhecimento em favor da emancipação humana" (Silva, 2016, p. 29).

E sobre o trabalho interdisciplinar no cárcere, a pesquisa acenou que é parca a compreensão a propósito de seu conceito e sua operacionalização, demonstrando uma fuga do assunto e uma argumentação colada a uma lógica operativa cunhada pela institucionalidade:

A gente acha que deveria ter políticas públicas de maior abrangência na questão de dar oportunidade para que eles não voltassem a reincidir. Projetos que ofertassem condições para que eles trabalhassem, ganhassem o dinheiro deles pela laborterapia. Hoje nós estamos buscando com a parceria da [cooperativa]..., eu lhe falei dessa cooperativa que nós estamos formando e nós estamos buscando junto com o governo do estado ver se a gente consegue uma linha de financiamento, porque nós buscamos capacitá-los, fazer curso de mecânico de moto, de lavar ar-condicionado, mas as pessoas vão fazer o que se elas não têm dinheiro para comprar o equipamento de trabalho? "Ah eu sei fazer cabelo", mas como se a pessoa não tem dinheiro para comprar os equipamentos? Hoje nós estamos, graças a Deus, fazendo uma parceria, está tramitando aí nosso projeto, já em fase final para que o governo do estado, com a linha de crédito, possa financiar essas pessoas que tenham o perfil de empreendedor para que eles possam fazer e montar seu próprio negócio, mas a nossa ideia no grupo é que faltam políticas públicas nesse sentido. (Entrevista/Pesquisa pensando o direito: diagnóstico dos serviços prisionais no Brasil, 2015).

O Serviço Social, ele busca identificar as pessoas, os internos que gostariam de participar, identificamos. Nós identificamos se não são da mesma facção para não ter rixas entre eles para não ter agressões, a gente identifica as problemáticas. Devido às escutas que fazemos a gente identifica que aquela pessoa está com necessidade de se manifestar, de falar, então a gente busca conversar com ela e chamar para que ela possa participar do projeto aqui de teatro na prisão (Entrevista/Pesquisa pensando o direito: diagnóstico dos serviços prisionais no Brasil, 2015).

Na proposta de trabalho interdisciplinar, presume-se a existência de uma troca ou reciprocidade de saberes entre as disciplinas envolvidas para a execução de uma ação (Silva, 2016), no entanto se verifica uma relação antípoda entre tal conceito e aquilo que acena a pesquisa, através das argumentações apresentadas. Em dado momento, aparece na pesquisa uma confusão na compreensão da interdisciplinaridade com o que seria somente a busca por parceira para a realização de projetos, e não há nenhuma relação de afinidade entre áreas distintas do conhecimento.

Em seguida, evidencia-se a existência de uma atividade em que cada profissional desenvolve sua atribuição de forma separada, negando uma ação interdisciplinar, e a ação do assistente social precede o trabalho realizado e se restringe em realizar uma espécie de "seleção", que irá escolher quem poderá participar da atividade desenvolvida por outro profissional.

A proposta interdisciplinar está ligada à necessidade de superação dos limites encontrados pela fragmentação do saber, porém essa condição não pode levar ao abandono das bases éticas e políticas de cada profissão. Dessa forma, estabelece-se em um contexto de respeito à pluralidade, portanto não se alinha à ideia de junção do conhecimento para a construção de intervenção com fundamentos de uma proposta eclética que determine a defraudação dos métodos de análise da realidade adotados pelas profissões em questão. As respostas, por assim dizer, que estão descoladas, de certo modo, do assunto demonstram pouca compreensão da temática.

A estruturação do conhecimento não acontece de forma imparcial, haja vista que as relações que envolvem tal processo não são neutras (Frigotto, 2008). Dessa maneira, as bases profissionais podem se encontrar atreladas a estruturas epistemológicas e filosóficas diferenciadas, no entanto, em uma proposta interdisciplinar que considere a sugestão de emancipação humana, deve-se "afirmar o diálogo entre as várias áreas do saber como instrumento balizar às mudanças perquiridas"; essa alusão encontra aporte na mudança de espírito dos envolvidos na construção da relação interdisciplinar (Silva, 2016, p. 26).

Outra argumentação sopesa que:

> Lidamos muito na parte do diálogo, no respeito com a concepção de cada um, cada um segue o que acredita que seja sua linha [...]. Se eu tenho meu princípio de agir, alinhado ao mesmo pensamento que Marx, o outro colega não, a gente conversa, mas a gente chega a um denominador comum que é garantir o direito e assegurar que o interno tenha o atendimento humanizado. (Entrevista/Pesquisa pensando o direito: diagnóstico dos serviços prisionais no Brasil, 2015).

Nesse entendimento, independentemente das vertentes teóricas que norteiam a ação profissional das diversas categorias que compõem os serviços técnicos, na execução do trabalho interdisciplinar, os profissionais procuram realçar a busca por uma intervenção resultante do diálogo entre as diversas lentes de interpretação da realidade. Dessa forma, os saberes estabelecem uma relação *inter*, pois na lide cotidiana, as diversas proposições compreensivas podem se conformar como instrumento de apreensão ampliada da realidade.

De acordo com Iamamoto (apud Raichelis, 2009, p. 389), "tal perspectiva de atuação não leva à diluição das identidades e competências de cada profissão; ao contrário, exige maior explicitação das áreas disciplinares no sentido de convergirem para a consecução de projetos a serem assumidos coletivamente". Todavia, Silva (2016, p. 25) adverte que pelo fato de a estrutura social se encontrar assentada sob o edifício econômico vigente, pode ocorrer uma forte tendência de a interdisciplinaridade

> [...] possibilitar suporte conceitual e consensual para ideologias de caráter político, possibilitando inclusive tal espraiamento para além do universo do conhecimento, o que poderá facilitar muito os mecanismos de controle, alienação e subordinação quando o sentido a ela atribuído se alinhe aos supostos ideológicos especificados.

Nessa dimensão, é importante conhecer os sentidos do respeito à pluralidade estabelecidos na deontologia profissional, para evitar cair no fatalismo de que o respeito à pluralidade significaria que o Serviço Social possa aderir a qualquer vertente teórica e se alinhar a caminhos que diferem daquele que historicamente foi forjado na trajetória da profissão.

No Serviço Social, sua deontologia estabelece a "garantia do pluralismo, através do respeito às correntes profissionais democráticas existentes e suas expressões teóricas" (CFESS, 2012, p. 24). Dessa forma, estão preconizados o diálogo e o respeito entre as diferentes correntes teóricas, porém não se trata de materializar em sua prática profissional as concepções de vertentes que não coadunam com seu projeto de profissão, ou melhor, com propostas antidemocráticas e com base na eugenia, mesmo que vindas de supostos entendimentos ditos de "esquerda".

Aqui façamos uma breve consideração lateral. A vida em democracia é algo desafiador; não raro se deseja a qualquer custo afirmar nossa compreensão como *alétheia* universal, se faz necessário entender que a existência do outro, do contraditório, é fundamental e que é necessária a vivência em um mundo plural. Nesse norte, desde que com respeito à dignidade humana, aos Direitos Humanos e aos fundamentos democráticos, a existência de pensamento divergente é salutar e não nos cabe coibi-lo, e sim debater com ele.

Barroco e Terra (2012, p. 128) afirmam que "o pluralismo deve nortear a conduta do assistente social no sentido de respeito às correntes profissionais democráticas existentes e suas expressões teóricas em busca de constante aprimoramento intelectual". Em um ambiente democrático, as ideias se manifestam de forma plural, em que cada categoria profissional busca se orientar por meio de concepções que compõem suas matrizes profissionais, e é justamente na existência dessa diversidade que se situa a possibilidade de interação entre as diversas disciplinas, uma vez que cada qual verá a realidade a partir de sua lente epistemológica/filosófica.

A pesquisa ainda aponta para a seguinte argumentação:

> Nós fazemos parte de uma equipe multidisciplinar, trabalha o Serviço Social, a Psicologia, a Pedagogia, mas cada um com seu trabalho individualizado, algumas questões a gente trabalha realmente unidos. Atuo com a Pedagogia, a gente faz muito relatório juntos, porque os juízes pedem muito relatório para nós, para determinados internos. Com a Pedagogia também, porque os juízes e as próprias atividades exigem. Praticamente somos nós: psicólogos, assistentes sociais e os pedagogos e os chefes de segurança, também é importante a participação deles para saber como é o perfil daquele interno lá dentro, se ele dá muito trabalho. Porque a gente não entra no cárcere, então os chefes de segurança passam muitas informações para gente. (Entrevista/Pesquisa pensando o direito: diagnóstico dos serviços prisionais no Brasil, 2015).

No primeiro ponto colocado, em que o trabalho é desenvolvido individualmente, afirma-se o fato de que uma equipe multidisciplinar não necessariamente tem de atuar de forma interdisciplinar, mas ela consiste em vários profissionais que podem por vezes atuar de modo individual em uma mesma demanda, cada qual com seus instrumentais e metodologias de atuação. Essa questão é pertinente à medida que cada área de atuação tem suas particularidades, e cada profissão possui suas atribuições privativas, por exemplo, é inconcebível ao assistente social participar de um atendimento psicológico realizado pelo profissional dessa área e interferir na ação; o mesmo serve ao Serviço Social no que se refere às atribuições específicas da profissão.

A interdisciplinaridade e o caráter multidisciplinar da equipe de profissionais não limitam, retiram nem estabelecem a impossibilidade da efetivação de práticas específicas de uma dada área técnica, pois o objetivo não é revogar a identidade de cada profissão, mas fortalecer as estratégias de atuação e aumentar o leque de possibilidades e serviços ofertados aos usuários. As várias dimensões da vida, presentes no humano, pleiteiam necessidades específicas de um determinado enfoque que forma a totalidade da vida dos sujeitos.

As determinações subjetivas e objetivas da vida humana aspiram à necessidade de intervenção múltipla de profissionais. Como o exemplo de questões que exprimem a necessidade de direitos sociais e usufruto de políticas públicas frente às necessidades de enfrentamento da "questão social" são demandas que, em geral, estão voltadas ao profissional de Serviço Social, já aquelas que reclamam a análise de comportamentos e funções mentais se constituem afetas à área da Psicologia, e assim por diante.

No segundo ponto abordado no dado da pesquisa, fica explícito certo dessaber em relação ao trabalho interdisciplinar. A prática evidenciada na argumentação parece muito limitada à trivial elaboração de relatórios em conjunto com outros profissionais, portanto não se tem configurada a proposta da interdisciplinaridade. No caso citado, há apenas o cumprimento de uma ordem solicitada pelo profissional da área do Direito. E como já vimos, a interdisciplinaridade não se trata de uma ação adstrita e meramente técnica, ela é ampla e tem por finalidade o alargamento de horizontes interventivos em relação à ação prática junto ao usuário.

Esse equívoco compreensivo fica ainda mais evidente quando é citado que há também a participação de chefes de segurança, e o objetivo de tal participação seria trazer informações sobre o perfil do preso para os profissionais da equipe técnica especializada, devido ao fato da impossibilidade de acesso aos pavilhões. Essa jocosa percepção suscita reflexões que conduzem à conclusão de que existe uma insuficiência em relação à autonomia profissional, o que não sobra dúvidas quando a pesquisa demonstra a seguinte argumentação:

> [...] o que eu posso pedir para o meu diretor ele tenta fazer [...]. Então eu tento, eu converso muito com ele quando vou fazer o atendimento: eu posso atender? "Não, não pode porque hoje está difícil". Então, eles sabem, porque eles que trazem os internos para a gente, então eu escuto muito eles, eu vou conversar com eles primeiro, posso atender? (Entrevista/Pesquisa pensando o direito: diagnóstico dos serviços prisionais no Brasil, 2015).

A atuação se encontra conectada com a necessidade de autorizações e a dependência de terceiros. Tal condição determina a negação da deontologia profissional, determinando a dependência da ação profissional a um inter-regno profissional impróprio. Mesmo se a demanda pautar a necessidade de atendimento, não significa que ele será realizado; o assistente social não tem plena decisão sobre a realização do atendimento, evidentemente entre outras tantas observações que poderemos perceber e que suscitam a deon-tologia profissional, que diz que o assistente social deve "ter livre acesso à população usuária" (CFESS, 2012, p. 31).

Indubitavelmente, em situações evidentes de necessidade de prudência mais específica com a integridade profissional do trabalhador assistente social no cárcere, estas devem ser consideradas, todavia essa decisão deve sopesar a participação — na análise sobre os riscos de atendimento — do profissional assistente social e nunca ser uma decisão unilateral e impositiva de profissionais estranhos ao Serviço Social.

A utilização de informações trazidas por chefes de segurança, embora devam ser analisadas, e mesmo consideradas, de fato, não corresponde à *alétheia* na atuação do assistente social, pois, para esse profissional, quando pautado pelo projeto profissional, a compreensão da realidade perpassa o entendimento do sujeito[2] a partir de diversas categorias que formam o real,

---

2. No caso, o juízo dos chefes de segurança.

e estas exprimem "formas de ser determinadas, condições de existência determinadas, muitas das vezes aspectos particulares desta sociedade determinada" (Marx, 2008, p. 224), pois para o materialismo dialético as categorias são "formas constantes e gerais da realidade objetiva" (Lukács, 1974, p. 57).

Desse modo, se desejamos compreender em termos ontológicos o sujeito, é necessário abranger todas as mediações e os complexos que formam a totalidade das relações que envolvem a vida individual de cada pessoa e relacioná-los com sua existência na enxovia, complexidade estranha à maioria dos chefes de segurança dos sistemas prisionais brasileiros, além do que não se encontra descrita no rol de suas atribuições laborais tal reflexão.

Dessa forma, o problema exposto pela pesquisa reside no fato de que os profissionais de segurança não possuem competência técnica e teórica para abstrair tal compreensão. A visão pode ser um tanto quanto fatalista, preconceituosa e superficial, visto que podem, por exemplo, se basear apenas no comportamento individual da pessoa presa. Dessa maneira, aquele que se submete de forma plena às normas estabelecidas para um bom comportamento é visto como alguém com mais possibilidades de não voltar a praticar crimes, todavia, por exemplo, não se verifica a coerção existente intramuros para a afirmação de tal comportamento; já aquele indivíduo que de algum modo não aceitou ser submisso às normas estabelecidas, ou até mesmo se rebelou contra as arbitrariedades praticadas pelo Estado, é considerado alguém que não está apto a retornar à vida livre após a prisão ou a progredir de regime.

Essa visão, além de rasa, pode se encontrar em um universo solipsista, portanto recheada de juízos de valores. Em outro momento da pesquisa, quando questionado sobre a existência de referenciais teóricos diferentes para cada área técnica e sobre a possibilidade de conciliação dessas diversas matrizes teóricas, tem-se a seguinte ponderação:

> Quando a gente entrevista um interno, a gente entrevista individualmente, depois a gente entrevista coletivamente com algumas perguntas, depois a gente conversa entre nós para entrar num consenso. Ou então, como teve,

certas vezes, que deu problema em relação a esse consenso. Só a finalização que a gente tentar ser, ter só um parâmetro, por conta que o juiz pede, mas a gente, no relatório argumenta, no relatório social eu dou minha opinião. A gente tenta não fugir muito da decisão final, da conclusão, mas a gente entrar num consenso mesmo é difícil. A gente discute entre nós e a gente entra num consenso. (Entrevista/Pesquisa pensando o direito: diagnóstico dos serviços prisionais no Brasil, 2015).

Tal concepção sopesa que o trabalho multidisciplinar no sistema prisional se supõe somente a partir da reunião de várias disciplinas em busca do mesmo objetivo, qual seja, o de promover as condições adequadas para o reingresso do preso na sociedade extramuros. Nesse sentindo, não necessariamente haverá uma intersecção entre as áreas do conhecimento. Ou seja, a multidisciplinaridade ocorre por meio de um grupo de trabalho intelectual, atuando em determinada demanda, de maneira não linear, de forma a construir uma atuação sólida, porém não correlata entre as diversas áreas profissionais, portanto não há uma unidade do saber.

É renitente o desarranjo acerca do conceito de trabalho interdisciplinar, portanto, para melhor elucidar o conceito de interdisciplinaridade — ainda que de forma simplificada —, pensemos na situação hipotética em que determinado detento, ao chegar à unidade prisional, apresente problemas de cunho psicológico, e tais problemas são resultantes de sua condição de miséria, a qual o levou a ter sérios traumas de diversas naturezas. Vemos que há em presença mais de uma questão determinando a condição do sujeito e que o entendimento de tal problema passeia por mais de uma área do conhecimento.

O assistente social seria incapaz de conhecer plenamente os aspectos psicológicos desse sujeito, da mesma forma que o psicólogo não teria subsídios teóricos necessários para entender as expressões da "questão social" em presença e suas conexões, mediações, porém as duas áreas podem interagir entre si e trazer uma compreensão ampliada dessa realidade, na qual uma variante pode ter relação direta com a outra, e a compreensão de ambas atravessa o conhecimento adquirido pelos dois profissionais.

Desse modo, a dimensão da totalidade ganha forma, possibilitando que a ação interventiva receba contorno mais palpável de mudança concreta, uma vez que será compreendida através de mais aproximação da realidade, circunstância viabilizada por meio da interdisciplinaridade, cuja realização principia na intervenção profissional.

Vemos que um grande desafio, talvez, seja conseguir estabelecer uma relação de diálogo entre as diversas áreas do saber para a construção de um caminho epistemológico/filosófico com diversos conteúdos profissionais. Outro repto é a confusão que pode se formar entre os conceitos dos processos de trabalho que de alguma maneira poderá haver na presença de várias áreas profissionais. Essa realidade, por vezes, coloca o assistente social distante de uma ação interdisciplinar, porém sem que haja a necessária compreensão dessa disparidade.

Para a ação interdisciplinar se carece de ter compreensão robusta do que faz a profissão nos espaços ocupacionais, quais são suas atribuições e competências, não raro observam-se profissionais assistentes sociais assumindo tarefas que não são atribuições e muito menos competências da profissão, ao passo que também, não raro, se percebe ataque ao que é privativo da profissão e à inépcia do profissional diante de tal ocorrência.

Evidentemente, a interdisciplinaridade não pretende renunciar à autonomia das profissões, tampouco deixar de realizar as atribuições privativas de cada área em favor da construção de atribuições coletivas. As atribuições e as competências profissionais do assistente social encontram no cárcere fundamental relevo na construção de alternativa e na garantia de direitos da pessoa presa; é o que veremos adiante.

Capítulo 6

Atribuições privativas e competências profissionais em Serviço Social

O Serviço Social possui em seu arcabouço legal, teórico e prático todo um conjunto de designações que se divide entre competências e atribuições privativas,[1] que, embora necessitem de aprimoramento, definem o compêndio de atividades a serem desenvolvidas pelo assistente social durante sua vida profissional. Portanto, compreender essa nuance do trabalho profissional é condição ímpar para a materialização do projeto profissional e, dessa forma, "discutir as atribuições privativas e competências profissionais de assistentes sociais é discutir a profissão" (Matos, 2015, p. 680).

O marco que regulamenta a profissão — Lei n. 8.662, de 7 de junho de 1993 — dedica em suas linhas a tarefa de delimitar ao assistente social suas competências profissionais e suas atribuições privativas, no entanto, no

---

1. Vide artigos 4° e 5° da Lei de Regulamentação da Profissão (Lei n. 8.662, de 7 de junho de 1993).

sistema prisional, há a presença da LEP que estabelece, entre outras coisas, um rol de prerrogativas para o profissional em Serviço Social. Como já verificado, a LEP possui alguns desalinhamentos[2] com o denominado Projeto Ético-Político Profissional do Serviço Social.

A lei de regulamentação da profissão de Serviço Social e o Código de Ética Profissional vigentes são os principais pilares deontológicos de sustentação da profissão de Serviço Social e que dão o norte para a ação profissional. As transformações e as construções históricas que ocorreram na profissão até chegar à atual identidade profissional levam a atuação para um âmbito diferente do preconizado pela LEP que, em linhas gerais, trabalha na perspectiva de ajustamento social;[3] já as bases deontológicas atuais do Serviço Social atuam no sentido de afiançar a liberdade, a democracia, a cidadania, a justiça social, a ampliação de direitos sociais e as garantias individuais.

As atribuições privativas são as "prerrogativas exclusivas, enquanto as competências expressam capacidade para apreciar ou dar resolutividade a determinado assunto, não sendo exclusivas de uma única especialidade profissional" (Iamamoto, 2012, p. 37). Na pesquisa, quando o assunto são as funções que o assistente social realiza no sistema prisional, fazem-se presentes concepções que colocam as atribuições mediante a necessidade de garantia de direitos:

> [...] eu trabalho justamente com o regime semiaberto e aberto domiciliar, exercendo as minhas atribuições no que tange ao Serviço Social no direito, garantindo o direito do reeducando que busca o Serviço Social ou até mesmo daqueles que a gente percebe que há necessidade de ser atendido pelo Serviço Social para que eles possam estar no processo de ressocialização, para que de fato isso venha a acontecer (Entrevista/Pesquisa pensando o direito: diagnóstico dos serviços prisionais no Brasil, 2015).

---

2. Vide Capítulo II deste trabalho.

3. Isto é, moldar os indivíduos para se tornarem adaptados ao meio social em que vivem.

Portanto, a questão relacionada a atribuições e competências é dada de forma genérica, não havendo a especificação nem a diferenciação do que seriam as atribuições privativas realizadas no sistema prisional e quais as competências atribuídas aos profissionais.

No entanto, na pesquisa, de forma geral, foi citada uma diversidade de coisas realizadas pelo Serviço Social, porém, ao verbalizar sobre suas intervenções, não esclarecem o contexto no qual se executam nem a especificação mais exata ou qualificação da atividade ou função citada, portanto as ações mencionadas pelos profissionais, dependendo da finalidade, podem estar inseridas no rol de atribuições privativas, das competências profissionais ou, até mesmo, ser divergentes ao fazer profissional. Por exemplo, quando é citada a realização de projetos e não há nada que identifique o caráter específico de tal elaboração, ou seja, se está inserida ou não na esfera específica do Serviço Social.

Algumas atividades realizadas se encontram no âmbito da CTC, como a realização da triagem quando a pessoa presa chega à unidade prisional para cumprimento de pena, e outras atividades no âmbito da equipe de profissionais, tais quais o cadastro e a orientação de pessoas que buscam a realização de visita conjugal. A atividade mais citada é aquela referente às providências para expedição de documentos para a pessoa quando chega à prisão, já identificada durante o atendimento inicial ou durante atendimentos sociais de rotina, conforme explanação:

> Nós fazemos diagnóstico social [...], nós vamos lá conversar com eles, identificar quais os problemas daquela unidade, se está faltando documento, se eles têm algum problema de saúde, quem não está sendo atendido, fazemos esse diagnóstico social. A família procura lá nas unidades, o social de lá, e eles nos encaminham, questão de registro, de reconhecimento de paternidade, encaminhamentos para cursos, nós temos os cursos de capacitação levamos para as unidades [...], buscamos colocação nesses cursos junto ao governo, Senai etc., lutamos por vagas para que eles possam se colocar. A questão da documentação deles, nós identificamos a maioria, maior parte das pessoas não tem os documentos porque quando eles são presos eles são destruídos

[...]. Resumo, eles ficam sem documentos e aí nós temos uma demanda muito grande para a busca de certidões, identidades etc. (Entrevista/Pesquisa pensando o direito: diagnóstico dos serviços prisionais no Brasil, 2015).

O profissional desenvolve uma série de atividades, seja de forma particular, seja coletiva com outros profissionais. Tem-se em presença um vasto leque de funções e atividades desenvolvidas, que se moldam de acordo com o local de trabalho e os processos formativos das equipes de trabalho. Essa configuração não retira da profissão suas particularidades. Cabe ao profissional identificar perante as demandas os objetos de atuação e formular sua intervenção, tendo em vista as atribuições e as competências profissionais e, por meio de seus instrumentais de trabalho, elaborar sua proposta de intervenção.

Considerando o manancial de expressões da "questão social", o qual o assistente social irá encontrar em todos os seus dias de trabalho, e as mais variadas histórias de vidas, se põe um hercúleo desafio, que demanda alta capacidade de articulação dos procedimentos técnicos e científicos, vinculados a certa intencionalidade, só possível mediante a competência profissional pela via do conhecimento teórico e do reconhecimento dos valores da profissão.

As estratégias de intervenção não se prendem ao norte limitado pelo espaço institucional, pois as condições sócio-históricas que regem a profissão e o seu mundo externo condicionam limites formados pelo juízo delimitador do capital financeiro, o qual reduz as políticas sociais realizáveis pelo Estado ao seu nível mais paliativo, que não abrange a totalidade das necessidades humanas, ou seja, não alça ao plano do real o enfrentamento das expressões da "questão social".

Vemos que as funções atribuídas ou executadas pelo profissional parecem assemelhar-se a algo linear que se perpetua quase como um ciclo vicioso e adimplido mediante um árduo e repetitivo trabalho, que se abrevia em ações sem efetividade, pois o problema permanece. É o mesmo que tentar eliminar uma árvore, podando apenas alguma de suas folhas todos os dias; o cerne gerador da causa continua. Eis o desafio maior, "traduzir o Projeto Ético-Político em realização efetiva no âmbito das condições em que se realiza o trabalho do assistente social" (Iamamoto, 2012, p. 36), mais ainda quando esse fazer profissional é dado na enxovia.

Fávero (2011, p. 6) assimila: "Limitar-se ao predomínio da técnica significa manter-se na aparência dos fenômenos, sem considerar o conjunto das determinações que os constroem". Isso significa que se devem extrapolar os limites da aparência, interpretar cada demanda na perspectiva da totalidade e no rol de funções executadas, sejam elas no âmbito das atribuições ou das competências, ter nitidez da intencionalidade do Serviço Social, construir uma base sólida de conhecimento e ter limpidez da função social da profissão e dos limites existentes perante os objetivos propostos para o enfrentamento da desigualdade social e da exploração.

A superação da condição de uma prática profissional alienante supõe cabal discernimento do aparelho societal que funda as bases para o surgimento da profissão e de suas transformações constantes que criam novas axiologias e novas refrações presentes na "questão social", os novos desafios, enfim, supõe-se compreender a dinâmica do mundo real, pois esses elementos estabelecem o concreto que imporá as reais determinações ao fazer profissional.

Nesse compêndio enciclopédico de determinações, "os conteúdos históricos, teórico-metodológicos e ético-políticos que constituem o projeto do Serviço Social, articulados ao domínio da técnica, é que irão distinguir o trabalho profissional competente" (Fávero, 2011, p. 36), isto é, saber distinguir o que verdadeiramente compete ao assistente social e saturar sua prática dos fundamentos ontológicos, epistemológicos e filosóficos da realidade e do ser, em presença no corpo teórico da profissão, sob o signo da articulação direta com o campo da prática.

São substanciais, por vezes, juízos que surgem na pesquisa e que trazem pontos que parecem se esconder por detrás de cortinas de abertura obtusa, em que não é possível visualizar o Serviço Social em suas especificidades:

Minha atividade lá é atender os internos e as famílias, o atendimento dos internos na maioria das vezes é relacionado à família [...], como eles trocam muito de companheira, praticamente nossa atividade fica muito restrita a atividades com as companheiras, voltada mais para as companheiras, mas agora com a mudança que houve em relação ao cadastro, o cadastro deixou de ser na casa penal, passou para cá [...], vamos dizer que nosso foco agora voltou mais para a relação de documento, algumas questões de documentos das crianças e documentos da família, mudou mais o foco, porque antigamente era só focado na companheira, cancelar companheira, ativar companheira, ligar para companheira para saber se a companheira ia visitar, agora não, mudou mais o foco, com essa mudança do cadastro para cá (Entrevista/Pesquisa pensando o direito: diagnóstico dos serviços prisionais no Brasil, 2015).

A função do Serviço Social se encontra abreviada à questão operacional e de cadastro de companheiras para visitas conjugais na unidade prisional e ao arranjo de documentos, sendo estes arguidos pelo profissional como foco do trabalho do assistente social dentro da unidade prisional em que atua. Sem haver mais detalhamentos, tais atividades reduzem o Serviço Social a executor de tarefas, as quais, qualquer pessoa, sem conhecimentos específicos da profissão, poderia realizar.

É certo que no sistema prisional, mediante as prerrogativas da LEP, tais atividades são atribuídas ao assistente social. Dessa forma, é manifesto que a LEP traz no máximo atividades que se enquadram como competências profissionais, cabíveis de realização pela profissão, porém não específicas do Serviço Social. Restringir a prática profissional aos desígnios da LEP é retirar da profissão o seu sentido de existência dentro do sistema prisional; sem o seu sentido adquirido de forma sócio-histórica, os valores da profissão perdem o necessário protagonismo, entra em cena um serviço técnico, regido por regras institucionais que visam ajustar às pessoas aos mandamentos legais da instituição penal, possível de ser realizado por alguém da área técnico-burocrática, ou seja, seria o mesmo que se retornar a um Serviço Social funcionalista.

Há arguições que ajuízam que a LEP existe para relacionar os direitos dos reeducandos, "minhas atribuições, elas estão dentro da Lei de Execução Penal que é justamente relacionar os direitos dos reeducandos" (Entrevista/

Pesquisa pensando o direito: diagnóstico dos serviços prisionais no Brasil, 2015). No entanto, devido às limitações existentes no texto legal suprarre-ferido, em relação às atribuições do assistente social, para não se perder em uma prática linear que ocorre pela execução de tarefas rotineiras, é necessário:

> Ser um profissional criativo, no sentido de "desenvolver sua capacidade de decifrar a realidade e construir propostas de trabalho criativas e capazes de preservar direitos, a partir de demandas emergentes no cotidiano" (Iamamoto, 1998, p. 20), evitando permanecer somente como executor de tarefas e de-terminações, é o desafio permanente que se põe aos profissionais do Serviço Social (Fávero, 2008, p. 26).

Um dos grandes desafios na realidade prisional é aliar a prática ao desenvolvimento de propostas que visem garantir alguma condição em re-lação à garantia da dignidade humana e à ampliação de direitos dos usuários do sistema, mas não só; é necessário efetivar os fundamentos da profissão nessa prática, concretizar elementos que tragam em si os princípios de sua deontologia, oportunizar possibilidades para a pessoa em situação de prisão e enfibrar condições para a valorização do humano num espaço de reprodução de barbárie e autoritarismo.

Assumir para si as atribuições da LEP é assumir também o papel posto pela comissão de classificação da pessoa presa, que, ao adentrar a prisão, passa pelo ritual de classificação que tem como menção os antecedentes e a personalidade, conforme art. 5º da LEP, "os condenados serão classificados, segundo os seus antecedentes e personalidade, para orientar a individualiza-ção da execução penal" (Brasil, 2008). De acordo com Silva e Duarte (2016, p. 47), "o primeiro critério serve entre outras coisas para identificar uma carreira criminosa. O segundo para atribuir a características individuais e intrapessoais o desvio da lei. Assim, a falha jamais recai sobre o sistema social, mas sempre sobre o indivíduo isolado".

Dessa forma, a atuação profissional adquire postura positivista, mas tam-bém poderá incorrer na análise superficial da culpabilização dos indivíduos, posição que se encontra superada pela proposta de análise profissional que se alinha à lógica nodal da relação entre sujeito e sociabilidade. Sem esse norte, tal postura reafirma os supostos de controle e autoritarismos presentes na realidade intramuros, em detrimento da construção de caminhos para a afirmação da responsabilização dos atos da pessoa presa, todavia com a garantia da dignidade humana.

Seguindo o rito da execução penal para o atendimento técnico, um dado da pesquisa aventa que este ocorre em duas fases: a primeira quando o preso chega e tem que passar pela CTC e a segunda no decorrer da pena quando precisa de atendimentos pontuais:

> O preso [quando] ele entra [no sistema prisional para dar início ao cumprimento da pena] passa por uma triagem pela equipe técnica, pelo Serviço Social, pela Pedagogia, pela Psicologia, pela Enfermagem, pelo Dentista e pelo Médico e pelo jurídico. Ele tem que passar por todo corpo técnico, assim que ele chega. E tem os atendimentos que nós chamamos de pontuais, individuais, que são as necessidades do preso lá dentro, então ele está lá dentro, mas quer falar com a família, ele manda um bilhete para o Serviço Social, solicitando uma ligação ou uma dúvida sobre visita [...], são os bilhetes, que é o meio que eles se comunicam conosco, por meio deste bilhete. (Entrevista/Pesquisa pensando o direito: diagnóstico dos serviços prisionais no Brasil, 2015).

Ampliando as informações sobre o fazer profissional dos assistentes sociais, a pesquisa nos apresenta ainda a seguinte consideração: "Na verdade, o Serviço Social no sistema prisional acaba sendo chamando de mil e uma utilidades" (Entrevista/Pesquisa pensando o direito: diagnóstico dos serviços prisionais no Brasil, 2015), porém o profissional tem consciência de que muitas das atribuições que chegam ao Serviço Social não são de sua competência profissional:

> Certeza há atribuição que predomina, porém não é do Serviço Social. Por exemplo: a diretoria ou chefe de segurança vêm aqui e fala, "Serviço Social"

faz aí uma autorização pra liberar *cobal*.[4] Como vou fazer isso? [...] o Serviço Social não tem competência para fazer isso. Tem um departamento específico para isso, que é o deles e o do gerente [...], mas vem para cá. (Entrevista/Pesquisa pensando o direito: diagnóstico dos serviços prisionais no Brasil, 2015).

Dessa forma, o trabalho do assistente social se encontra restrito à chegada de demandas até o Serviço Social e ao cumprimento de ordens geralmente oriundas dos setores administrativos e de gestão. Nos denominados atendimentos pontuais, diminui a prática a ações que ocorrem mediante as informações que chegam por meio dos bilhetes, portanto a demanda para o Serviço Social fica condicionada àquilo que a população carcerária imagina ser papel do assistente social e, então, entra em contato por intermédio desses bilhetes.

Nessas condições, o profissional não possui relação direta com a população usuária, no sentido de identificar as demandas presentes naquele espaço e que são de competência do Serviço Social, por conseguinte, a atuação não deve se limitar à chegada do bilhete, pois é evidente que, dessa forma, o agir profissional ficará limitado e condicionado a receber pleitos que evadem as suas competências profissionais.

A dinâmica do espaço institucional, da qual emanam as condições objetivas para a intervenção profissional, é cheia de requisições, mandos superiores e regulamentos a serem seguidos, os quais cominam aos profissionais respostas para essas determinações, que geralmente devem ser dadas de forma rápida. Desse modo, derivam ações baseadas em experiências, analogias e senso comum, o que resulta em respostas isentas de qualificação profissional (Guerra, 2012).

Portanto, a riqueza da atuação profissional do assistente social não se reduz a cumprimentos de normas, ordens e ritos, não se trata de um conjunto

---

4. "É a mercadoria que entra nos fins de semana ou durante a segunda-feira que a família traz, no dia da visita e toda segunda-feira eles trazem" (ENTREVISTA/PESQUISA DIAGNÓSTICO DOS SERVIÇOS PRISIONAIS NO BRASIL, 2015).

de ações mirando fins imediatos. Ao se submeter e atuar nessas condições, "o perfil do assistente social é o do técnico adestrado que se limita à racionalidade do capitalismo e à aplicação acrítica de técnicas e instrumentos sem a clareza dos fins a que sua intervenção visa, menos ainda o projeto profissional que implementa" (Guerra, 2012, p. 65).

A compleição do Serviço Social na prisão, legalmente, se encontra atrelada à promoção de medidas que visem assegurar a possibilidade de reintegração social, no entanto imaginar ressocializar alguém por meio do sistema penal é o mesmo que estabelecer um pensamento quimérico, pois, perante a atual constituição do sistema penal, temos uma instituição incompatível com tal propósito.

A natureza da prisão se constitui em um espaço amplo para a atuação do assistente social, porque estará inserido diretamente na lide junto às expressões da "questão social", pois, como afirma Bitencourt (2011, p. 135), "a verdadeira função e natureza da prisão está condicionada à sua origem histórica de instrumento assegurador da desigualdade social", dessa forma, a prisão, na sociabilidade hodierna, tem servido como instrumento de reprodução da desigualdade social e não como meio que possibilite "ressocializar" quem praticou algum ato tipificado.

Nesse interstício, o assistente social tem um vasto espaço de enfrentamento diante das expressões da "questão social" e tem em suas atribuições e competências, mediante a articulação das três dimensões da profissão, fundamental instrumento para intervir de forma qualificada na realidade posta ao seu trabalho, além de colaborar significativamente para a mitigação da violência intramuros e, de fato, para a minoração da força intramuros dos partidos criminosos.

Obviamente, no campo em questão, as diversas correlações de força em presença tornam o trabalho mais desafiador e propício à fatalidade de apenas reproduzir normas e cumprir ordens. Dessa forma, é indispensável não só o conhecimento da realidade intramuros, como também a compreensão das diversas implicações existentes frente à atuação profissional no cárcere.

Por fim, a enxovia requer uma ação profissional com extrema qualificação, uma análise de realidade que tenha volume suficiente para entender a articulação entre sociedade, lei e pena, que ultrapasse, em muito, as perspectivas adjetivas de compreensão de mundo e que se determine por peremptório posicionamento ético-político em favor da emancipação do ser, todavia, com a devida articulação de estratégias para que se possibilite a atuação com o máximo de autonomia e segurança para o trabalhador assistente social.

Leituras afins

BRAGA, Ana Gabriela Mendes; ANGOTTI, Bruna. *Dar à luz na sombra*: condições atuais e possibilidades futuras para o exercício da maternidade por mulheres em situação de prisão. Disponível em: <http://www.justica.gov.br/news/201clugar-de-crianca-nao-e-na-prisao-nem-longe-de-sua-mae201d-diz-pesquisa/pesquisa-dar-a-luz-na-sombra-1.pdf>. Acesso em: 29 set. 2018.

BRASIL. Ministério da Justiça, DEPEN, Departamento Penitenciário Nacional. *Levantamento Nacional de Informações Penitenciárias*. Brasília, 2016. (Ver *site* do DEPEN: <www.depen.org.br>.)

BECKER, Garry. *Crime and punishment*: an economic approach. Zurique: Institute for Environmental Decisions IED for Values & Regulation in Environmental Economics, 2010.

BITENCOURT, Cezar Roberto. *Falência da pena de prisão*: penas e alternativas. São Paulo: Saraiva, 2017.

CARNELUTTI, Francesco. *O problema da pena*. São Paulo: Pillares, 2015.

CORDEIRO, G. C. *Privatização do sistema prisional brasileiro*. Rio de Janeiro: Editora Livraria Freitas Bastos, 2006.

COYLE, Andrew. *Administração penitenciária*: uma abordagem de direitos humanos. Reino Unido: International Centre for Prison Studies, 2002.

DE VITTO, Renato C. P.; DAUFEMBACK, Valdirene (Orgs.). *Para além da prisão*: reflexões e propostas para uma nova política penal no Brasil. São Paulo: Letramento, 2018.

FILHO, José de Jesus; OI, Amanda Hildebrand. *Prisões privatizadas no Brasil em debate/Pastoral Carcerária Nacional*. São Paulo: ASAAC, 2014.

GIMENES, Anderson. *Diário de um agente de segurança penitenciária*. São Paulo: Mil Palavras, 2015.

MELOSSI, Dario; PAVARINI, Massimo. *Cárcere e fábrica*: as origens do sistema penitenciário (séculos XVI-XIX). Tradução de Sérgio Lamarão. Rio de Janeiro: Revan, 2006.

MOURA, Maria Jurema. *Mulher, tráfico de drogas e prisão*. Fortaleza: EDUECE; EDMETA, 2012.

OLDONI, Fabiano; SILVA, Pollyanna Maria da. *Estudos sobre o sistema prisional*: da seletividade à ilegalidade. Joinville: Manuscritos Editora, 2017.

SEVA, Janaína Tude; MORAIS, Hugo Belarmino de. *Prisão*: para que e para quem?. Disponível em: <http://pensando.mj.gov.br/wp-content/uploads/2015/07/joined-443.pdf>. Acesso em: 16 nov. 2018.

SILVA, André Luiz Augusto da. Ressocialização e criminologia: uma análise crítica. In: CARIAGA, Maria Helena; SCHEFFER, Graziela; BURGINSKI, Vanda M. (Orgs.). *Políticas sociais, práticas & sujeitos*: primas da atualidade. Campinas: Papel Social, 2013. p. 153-72.

_____ (Org.). *Eye for an eye*: um debate sobre prisões. Curitiba: Appris, 2017.

SLONIAK, Marcos Aurélio. *Trabalho prisional no regime fechado*: entre a Lei de Execução Penal e a realidade vivenciada. Curitiba: Juruá, 2015.

VALOIS, Luis Carlos. *O direito penal da guerra às drogas*. Belo Horizonte: D'Plácido, 2016.

Referências

ALENCAR, F.; RAMALHO, L. C.; RIBEIRO, M. V. T. *História da sociedade brasileira.* 3. ed. Rio de Janeiro: Ao Livro Técnico, 1985.

ALVES, G. Crise da globalização e lógica destrutiva do capital: notas sobre o sociometabolismo da barbárie. *Katálysis*, Florianópolis, v. 7, n. 1, p. 31-44, jan./ jun. 2004.

ANTUNES, R. *Adeus ao trabalho? Ensaio sobre as metamorfoses e a centralidade do mundo do trabalho.* 4. ed. São Paulo: Cortez, 1997.

BARISON, M. S. A judicialização e a despolitização da questão social: duas faces de uma mesma moeda. *O Social em Questão*, Rio de Janeiro, ano XVIII, n. 31, p. 15-32, 2014.

BARROCO, M. L. S.; TERRA, S. H. *Código de Ética do/a assistente social comentado.* Organização do Conselho Federal de Serviço Social. São Paulo: Cortez, 2012.

BARROS, A. M.; JORDÃO, M. P. D. *A cidadania e o sistema penitenciário brasileiro.* 2016. Disponível em: <https://www.ufpe.br/ppgdh/images/documentos/anamb1. pdf>. Acesso em: 25 jun. 2017.

BEHRING, E. R.; BOSCHETTI, I. *Política social*: fundamentos e história. 9. ed. São Paulo: Cortez, 2009.

BITENCOURT, C. R. *Tratado de direito penal*: parte geral 1. 16. ed. São Paulo: Saraiva, 2011.

BORGIANNI, E. Identidade e autonomia do trabalho do assistente social no campo sociojurídico. In: CFESS. *O Serviço Social no campo sociojurídico na perspectiva da concretização de direitos*. Brasília: CFESS, 2012.

_____. Para entender o Serviço Social na área sociojurídica. *Serviço Social & Sociedade*, São Paulo: Cortez, n.115, p. 407-42, jul./set. 2013.

BOSCHETTI, I. *Assistência social e trabalho no capitalismo*. São Paulo: Cortez, 2016.

BOTTOMORE, T. *Dicionário do pensamento marxista*. Rio de Janeiro: Jorge Zahar Editor, 2001.

BRAGA, A. G.; ANGOTTI, B. *Dar à luz na sombra*: condições atuais e possibilidades futuras para o exercício da maternidade por mulheres em situação de prisão. Brasília: Ministério da Justiça, 2015.

BRASIL. *Lei de Execução Penal*. Brasília: Câmara dos Deputados, 2008.

_____. *Constituição da República Federativa do Brasil*. Brasília: Câmara dos Deputados, 2017.

CARVALHO, A. M. P. *A questão da transformação e o trabalho social*. São Paulo: Cortez, 1993.

CFESS. *Resolução n. 493/2016*. Brasília: Conselho Federal de Serviço Social, 2006.

_____. *Código de ética do/a assistente social*: Lei 8.662/93 de regulamentação da profissão. 10. ed. Brasília: Conselho Federal de Serviço Social, 2012.

_____. *Resolução CFESS n. 493/2006, de 21 de agosto de 2006*. Disponível em: <http://www.cfess.org.br/arquivos/Resolucao_493-06.pdf>. Acesso em: 21 jun. 2017.

CHESNAIS, F. *A mundialização do capital*. São Paulo: Xamã, 1996.

COIMBRA, C. M. B. *Direitos humanos e criminalização da pobreza*. 2006. Disponível em: <http://app.uff.br/slab/uploads/texto54.pdf>. Acesso em: 20 nov. 2018.

CORDEIRO, G. C. *Privatização do sistema prisional brasileiro*. Rio de Janeiro: Livraria Freitas Bastos, 2006.

COYLE, A. *Administração penitenciária*: uma abordagem de direitos humanos. Londres: International Centre for Prison Studies, 2002.

CRONEMBERGER, I. H. G. M.; TEIXEIRA, S. M. Famílias vulneráveis como expressão da questão social, à luz da política de assistência social. *Revista Eletrônica Informe Econômico*, ano 1, n. 1, ago. 2013. Disponível em: <http://www.ojs.ufpi. br/index.php/economiaufpi/article/download/1267/990>. Acesso em: 5 out. 2017.

DRUCK, G. Trabalho, precarização e resistências: novos e velhos desafios? *Caderno CRH*, Salvador, v. 24, p. 37-57, 2011.

EDELMAN, B. *A legalização da classe operária*. São Paulo: Boitempo, 2016.

ESPEN/PR. *Práticas de tratamento penal nas unidades penais do Paraná*. Curitiba: Secretaria de Estado da Justiça e Cidadania do Paraná, 2011.

ESPINOSA, B. *Ética*. Tradução de Tomaz Tadeu. 2. ed. Belo Horizonte: Autêntica, 2008.

FALEIROS, V. P. *Estratégias em Serviço Social*. 2. ed. São Paulo: Cortez, 1999.

FÁVERO, E. T. *Parecer técnico*: metodologia "depoimento sem dano" ou "depoimento com redução de danos". São Paulo: CFESS, 2008.

_____. O estudo social: fundamentos e particularidades de sua construção na área judiciária. In: CFESS (Org.). *O estudo social em perícias, laudos e pareceres técnicos*: contribuição ao debate no Judiciário, no penitenciário e na previdência social. São Paulo: Cortez, 2011.

FOUCAULT, M. *Vigiar e punir*: nascimento da prisão. Tradução de Lígia M. Ponde Vassalo. Petrópolis: Vozes, 1987.

FRIGOTTO, G. A interdisciplinaridade como necessidade e como problema nas ciências sociais. *Revista Unioeste*, v. 10, n. 1, 2008. Disponível em: <http://www.e-revista.unioeste.br/index.php/ideacao/article/view/4143/3188>. Acesso em: 4 set. 2017.

GIORGI, A. *A miséria governada através do sistema penal.* Tradução de Sérgio Lamarão. Rio de Janeiro: Revan, 2006. (Coleção Pensamento Criminológico.)

GOFFMAN, E. *Estigma:* notas sobre a manipulação da identidade deteriorada. Rio de Janeiro: Guanabara, 1988.

GUEIROS, M. J. G. *Serviço Social e cidadania.* Rio de Janeiro: Agir, 1991.

GUERRA, Y. A dimensão técnico-operativa do exercício profissional. In: MÔNICA, C.; BACKX, S.; GUERRA, Y. (Orgs.). *A dimensão técnico-operativa no Serviço Social:* desafios contemporâneos. Juiz de Fora: UFJF, 2012.

HARVEY, D. *Condição pós-moderna.* São Paulo: Loyola, 1995.

HAYEK, F. A. *O caminho da servidão.* Rio de Janeiro: Instituto Liberal, 1990.

IAMAMOTO, M. V. *Renovação e conservadorismo no Serviço Social:* ensaios críticos. São Paulo: Cortez, 1994.

_____. A questão social no capitalismo. *Temporalis,* Brasília: Abepss, n. 3, 2001.

_____. *O Serviço Social na contemporaneidade:* trabalho profissional e formação profissional. São Paulo: Cortez, 2005.

_____. *Serviço Social em tempo de capital fetiche:* capital financeiro, trabalho e questão social. 2. ed. São Paulo: Cortez, 2008.

_____. O Serviço Social na cena contemporânea. In: CFESS; ABEPSS. *Serviço Social:* direitos sociais e competências profissionais. Brasília: CFESS/ABEPSS, 2009. p. 16-50.

_____. Projeto profissional, espaços ocupacionais e trabalho do assistente social na atualidade. In: CFESS (Org.). *Atribuições privativas do/a assistente social em questão.* Brasília: CFESS, 2012.

INFOPEN. *Sistema integrado de informações penitenciárias.* Brasília: Ministério da Justiça, 2016.

KUEHNE, Maurício. *Lei de Execução Penal anotada.* Curitiba: Juruá, 1999.

LEVITSKY, Steven; ZIBLATT, Daniel. *How democracies die*. Nova York: Crown Publishing Group, 2018.

LOMBROSO, Cesare. *O homem delinquente*. São Paulo: Ícone, 2007.

LUKÁCS, G. *Estética. La peculiaridad de lo estético*. Tradução de Manuel Sacristán, Barcelona: Grijalbo, 1974. v. 1: Cuestiones preliminares y de principio.

_____. *Ontologia do ser social*: a falsa e a verdadeira ontologia de Hegel. Tradução de Carlos Nelson Coutinho. São Paulo: Ciências Humanas, 1979.

MARCONSIN, C.; FORTI, V. L. Em tempos neoliberais, o trabalho dos assistentes sociais em cena. In: SERRA, R. (Org.). *Trabalho e reprodução*: enfoques e abordagens. São Paulo: Cortez, 2000.

MARTINELLI, M. L. *Serviço Social*: identidade e alienação. São Paulo: Cortez, 1997.

_____. Reflexões sobre o Serviço Social e o projeto ético-político profissional. *Emancipação*, São Paulo, n. 6(1), p. 9-23, 2006.

MARX, K. Para a crítica da economia política. In: _____. *Manuscritos econômico- -filosóficos e outros textos*. Tradução de Edgar Malagodi e José Arthur Gianotti. São Paulo, Abril Cultural, 1978.

_____. *O capital*. v. I. São Paulo: Abril Cultural, 1985.

_____. *Manifesto do Partido Comunista*. Petrópolis: Vozes, 1997.

_____. *Contribuição à crítica da economia política*. São Paulo: Expressão Popular, 2008.

_____. *Crítica da filosofia do direito de Hegel*. 2. ed. São Paulo: Boitempo, 2010a.

_____. *Sobre a questão judaica*. São Paulo: Boitempo, 2010b.

_____. *Grundrisse*: manuscritos econômicos de 1857-1858 Esboços da crítica da economia política. São Paulo: Boitempo, 2011a.

_____. *O 18 de Brumário de Luís Bonaparte*. São Paulo: Boitempo, 2011b.

_____; ENGELS, F. *A ideologia alemã*. São Paulo: Boitempo, 2007.

MATOS, M. C. Considerações sobre atribuições e competências profissionais de assistentes sociais na atualidade. *Serviço Social & Sociedade*, São Paulo: Cortez, n. 124, p. 678-698, out./dez. 2015.

MIRABETE, J. F. *Manual de direito penal*. 19. ed. São Paulo: Atlas, 2002.

MONTAÑO, C. *Terceiro setor e questão social*: crítica ao padrão emergente de intervenção social. 3. ed. São Paulo: Cortez, 2005.

_____. *A natureza do Serviço Social*: um ensaio sobre sua gênese, a "especificidade" e sua reprodução. São Paulo: Cortez, 2007.

MOTA, A. E. da. *O feitiço da ajuda*. 3. ed. São Paulo: Cortez, 1991.

NIETZSCHE, F. W. *Além do bem e do mal*. Tradução de Paulo César de Souza. São Paulo: Companhia das Letras, 1992.

_____. *Genealogia da moral*. Tradução de Paulo César de Souza. São Paulo: Companhia das Letras, 1999.

_____. *Humano, demasiado humano*. Tradução de Paulo César de Souza. São Paulo: Companhia das Letras, 2002.

OLIVEIRA, A. R. O problema da liberdade no pensamento de Karl Marx. *Perspectiva*, Florianópolis, v. 16, n. 29, p. 175-95, jan./jun. 1998.

PAULO NETTO, José. *Crise do socialismo e ofensiva neoliberal*. São Paulo: Cortez, 1995. v. 20. (Coleção Questões da Nossa Época.)

_____. *Ditadura e Serviço Social*: uma análise do Serviço Social no Brasil pós-64. 5. ed. São Paulo: Cortez, 2001.

_____. *Capitalismo monopolista e Serviço Social*. 8. ed. São Paulo: Cortez, 2011.

PEREIRA, T. M. D. Competências e atribuições profissionais na Lei de Execução Penal (LEP). In: CFESS. *O Serviço Social no campo sociojurídico na perspectiva da concretização de direitos*. Brasília: CFESS, 2012.

PIANA, M. C. *A construção do perfil do assistente social no cenário educacional*. São Paulo: Editora Unesp, 2009.

PIRES, S. R. A. O trabalho do assistente social na esfera estatal. In CFESS; ABEPSS. *Serviço Social*: direitos sociais e competências profissionais. Brasília: CFESS/ABEPSS, 2009.

_____. O assistente social como trabalhador assalariado: desafios frente às violações de seus direitos. *Serviço Social & Sociedade*, São Paulo: Cortez, n. 107, p. 420-37, jul./set. 2011.

_____. Sobre a prática profissional do assistente social no sistema penitenciário. *Textos & Contextos*, Porto Alegre, v. 12, p. 361-72, jul./dez. 2013a.

_____. Proteção social e trabalho do assistente social: tendências e disputas na conjuntura de crise mundial. *Serviço Social & Sociedade*, São Paulo: Cortez, n. 116, p. 609-35, out./dez. 2013b.

RAICHELIS, R. *O trabalho do assistente social na esfera estatal.* In: Serviço Social: direitos e competências profissionais. Brasília: CFESS/ABEPSS, 2009.

_____. *O assistente social como trabalhador assalariado:* desafios frente as violações de seus direitos. Serviço Social & Sociedade, São Paulo, n. 107, p. 420-437, jul./set. 2011.

_____. *Proteção social e trabalho do assistente social:* pendências e disputas na conjuntura de crise mundial. Serviço Social & Sociedade, São Paulo, n. 116, p. 609-625, out./dez. 2013.

REALE, Giovanni. *História da filosofia antiga*: das origens a Sócrates. São Paulo: Loyola, 1993.

RUSCHE, G.; KIRCHHEIMER, O. *Punição e estrutura social.* Rio de Janeiro: Revan, 2004. (Coleção Pensamento Criminológico.)

SALVADOR, M. B. de L. *Serviço Social, teoria social de Marx e a direção política da profissão.* 2018. Tese (Doutorado) — Pontifícia Universidade Católica, São Paulo.

SANTOS, C. M. *Na prática a teoria é outra? Mitos e dilemas na relação entre teoria, prática, instrumentos e técnicas no Serviço Social.* Rio de Janeiro: Lumen Juris, 2010.

SANTOS NETO, A. B. *Estética e arte na perspectiva materialista.* São Paulo: Instituto Lukács, 2013.

SEQUEIRA, C. V. Pedro e o Lobo: o criminoso perverso e a perversão social. *Psicologia: Teoria e Pesquisa*, v. 25, n. 2, 2009. Disponível em: <http://www.scielo.br/pdf/ptp/v25n2/a10v25n2.pdf>. Acesso em: 1º nov. 2018.

SILVA, A. L. A. *Retribuição e história*: para uma crítica ao sistema penitenciário brasileiro. Rio de Janeiro: Lúmen Juris, 2014.

_____; DUARTE, S. C. *A questão penal e o direito de resistência*: controle, direitos humanos e capitalismo. Curitiba: CRV, 2016.

_____. Espaço sócio-ocupacional: interdisciplinaridade e políticas sociais. In: _____; SCHEFFER, G. (Orgs.). *Direitos de fato*: reflexões contemporâneas. Palmas: EDUFT, 2016.

_____. et al. *Pensando o direito: diagnóstico dos serviços prisionais no Brasil* — (Eixo 1 — Relatório Final — em editoração). Brasília: Ministério da Justiça, 2015.

SILVA FILHO, A. L. A. Em busca de um novo objeto para a ciência jus laboral. In: SILVA, A. L. A.; SCHEFFER, G. (Orgs.). *Direitos de fato*: reflexões contemporâneas. Palmas: EDUFT, 2016.

SIQUEIRA, J. R. O trabalho e a assistência social na reintegração do preso à sociedade. *Serviço Social & Sociedade*, São Paulo: Cortez, ano XXII, n. 67, p. 66, set. 2001.

SLACK, N.; CHAMBERS, S.; JOHNSTON, R. *Administração da produção*. 2. ed. São Paulo: Atlas, 2002.

SPOSATTI, A. O Serviço Social em tempos de democracia. *Serviço Social & Sociedade*, São Paulo: Cortez, n. 39, 1992.

TAYLOR, F. W. *Princípios da administração científica*. São Paulo: Atlas, 1990.

THOMPSON, A. *A questão penitenciária*. Rio de Janeiro: Forense, 1991.

TONET, I. *Democracia ou liberdade?* Maceió: Edufal, 2004.

TORRES, A. A. O Serviço Social penitenciário e os direitos humanos. In: CONGRESSO BRASILEIRO DE ASSISTENTES SOCIAIS, 9. Goiânia, 1998.

_____. Trabalho profissional nas prisões e a criminalização da questão social. In: SEMINÁRIO LATINOAMERICANO DE ESCUELAS DE TRABAJO SOCIAL, 19, 2009. *Anais...* Guayaquil: ALAEITS, 2009.

VASCONCELOS, E. M. A. Priorização da família na política de saúde. *Revista Saúde em Debate*, Rio de Janeiro, v. 23, n. 53, p. 6-19, set./dez. 1999.

VAZ, H. C. L. *Escritos de Filosofia II*: ética e cultura. São Paulo: Loyola, 1993.

WACQUANT, L. *As prisões da miséria.* Rio de Janeiro: Jorge Zahar, 2001a.

_____. *Punir os pobres*: a nova gestão da miséria nos Estados Unidos. Rio de Janeiro: Revan, 2001b.

ZAFFARONI, E. R. *Em busca das penas perdidas*: a perda da legitimidade do sistema penal. Tradução de Vânia Romano Pedrosa. Rio de Janeiro: Revan, 1991.

DIVERSIDADE SEXUAL E DE GÊNERO E O SERVIÇO SOCIAL NO SOCIOJURÍDICO

Guilherme Gomes Ferreira

1ª edição (2018) • 160 páginas • ISBN 978-85-249-2628-0

SERVIÇO SOCIAL NA DEFENSORIA PÚBLICA

potências e resistências

Luiza Aparecida de Barros

1ª edição (2018) • 144 páginas • ISBN 978-85-249-2639-6

ADOLESCENTE, ATO INFRACIONAL E SERVIÇO SOCIAL NO JUDICIÁRIO

trabalho e resistências

Cilene Terra e Fernanda Azevedo

1ª edição (2018) • 160 páginas • ISBN 978-85-249-2704-1

coleção
Temas Sociojurídicos

títulos publicados

MENINAS E TERRITÓRIO
**criminalização da pobreza e
seletividade jurídica**
Joana das Flores Duarte
1ª edição (2018) • 144 páginas • ISBN 978-85-249-2705-8

O presente livro contém um estudo sobre jovens do sexo feminino no mercado informal e ilícito de drogas, como uma nova expressão do desmantelamento do Estado Social, denunciando as expressões da penalidade neoliberal e o seu fortalecimento nos territórios pobres.

SERVIÇO SOCIAL
NA JUSTIÇA DE FAMÍLIA
**demandas contemporâneas do
exercício profissional**
Dalva Azevedo de Gois e Rita C. S. Oliveira
1ª edição (2019) • 152 páginas • ISBN 978-85-249-2717-1

Nesta obra a complexidade e as especificidades, no âmbito social, dos embates sociorrelacionais de famílias em disputa judicial são apresentadas e debatidas, desvelando a necessidade de se pensar tais questões com criticidade, profundidade e abrangência.